Hans Pollak

Tatort Sektorengrenze

Berliner Kriminalfälle der Nachkriegszeit

EDITION SCHEUNENVIERTEL

Bildnachweis:

Archiv des Autors 27, 63, 127, 142
Polizeihistorische Sammlung Berlin 96, 99, 117
Ullstein Bilderdienst 50, 112, 137, 160, 174, 180
sowie aus: Grube/Richter, Die Schwarzmarktzeit,
Hoffmann und Campe, Hamburg 1979: Schutzumschlag, 128, 136

ISBN 3-355-01423-0

Schutzumschlag: Ingrid Engmann
Lichtsatzherstellung: Verlag Neues Leben GmbH
Lithographie: Reproanstalt Neumünster
Druck und buchbinderische Weiterverarbeitung:
Chemnitzer Verlag und Druck GmbH, Werk Zwickau
Gedruckt auf FORTUNA-Pegasus
Steinbeis Temming Papier GmbH & Co., Glückstadt

Al Capone in Berlin

Schreinerstraße Nummer 52. Ein graues Mietshaus im Osten Berlins. Unweit der Frankfurter Allee, an der Ecke Samariterstraße gelegen, im Bezirk Friedrichshain. Vier Stockwerke hoch, mit Hinterhof und Quergebäuden. Unauffällig eingereiht in die langgestreckte Front der Wohnquartiere zwischen Proskauer Straße und Pettenkoferstraße.

Die Fassade mit den Vorsprüngen und Brüstungen schmaler Balkons ist verwittert. Im geräumigen, durch eine verglaste Flügeltür von der Straße getrennten Flur blättert Farbe von den Wänden. Durch die offenstehende Hoftür weht es kalt und feucht herein. Im Treppenhaus, durch dessen Fenster nur wenig Tageslicht dringt, ist es meist totenstill. Nichts erinnert an eine Zeit, da hinter den Wänden dieses unscheinbaren Hauses ein Schwerverbrecher lebte: Werner Gladow, Anführer der blutigsten Räuberbande im Berlin der ersten Nachkriegsjahre.

Schreinerstraße Nummer 52 am frühen Vormittag des 3. Juni 1949. Gegen zehn Uhr klopft es bei Gladows im zweiten Stockwerk des Vorderhauses. Vater Ernst Gladow öffnet. Ein Mann im grauen Staubmantel fragt: „Ist Ihr Sohn Werner zu Hause? Ich komme vom Arbeitsamt.“

Statt einer Antwort zerrt Gladow senior den Fragesteller in die Wohnung und versucht, die Tür zu schließen. Doch drei im Hausflur wartende Kollegen des vermeintlichen Behördenvertreters sind flinker. „Polizei! Leisten Sie keinen Widerstand!“ Zu viert dringen sie mit gezogenen Pistolen in den Korridor ein.

Das Handgemenge alarmiert die in der Küche hantierende Lucie Gladow, Mutter des Gesuchten. „Da sind ja die Kriposchweine“, ruft sie, läuft in das am Flurende liegende Zimmer und verriegelt von innen die Tür.

„Schieß die Säue über'n Haufen“, schreit sie ihrem Sohn Werner zu.

Der junge Gladow holt drei in Buchkassetten versteckte Pistolen aus dem Schrank. Als die Zimmertür unter kräftigen Tritten zu splittern beginnt, feuert er beidhändig. Einer der Beamten bricht mit einem Lungensteckschuß zusammen. Gladow senior, der sich im Hintergrund hält, wird ebenfalls getroffen.

Die drei Kripoleute erwidern das Feuer. Sie müssen sich mit den Verwundeten in die Küche und ein kleines Nebenzimmer zurückziehen. Sie brauchen Verstärkung. „Alarmieren Sie die Inspektion Friedrichshain“, ruft einer von ihnen in den Hof hinunter, wo ein Polizist Posten bezogen hat.

Werner Gladow will die Feuerpause nutzen, um - so später der Polizeibericht - „über den Balkon der Nachbarwohnung und durch diese Wohnung hindurch über das Dach des Hauses“ die Flucht zu ergreifen. Da er bis dahin nur mit einem kurzen Hemd bekleidet war, fordert er seine Mutter auf, ihm etwas zum Anziehen zu bringen. Lucie Gladow reicht ihm aus dem Wäscheschrank ein Oberhemd zu.

„Werner Gladow zieht sich nun Hemd und Hose an.

Dabei stellt er fest, daß er keine Schuhe anhat. Sie befinden sich mit den Strümpfen in der Küche. Deshalb versucht er, durch den Korridor nach dort zu gelangen."

Als er an dem kleinen Zimmer vorbeigehen will, wird er von drinnen beschossen. „Nach der Aussage von Gladow in der Voruntersuchung hat er hierdurch bereits einen Treffer am Kinn erhalten", heißt es in dem Bericht.

Der Bedrängte zieht sich sofort in das große Zimmer zurück und lädt dort seine Pistolen nach, um durch einen Türspalt blindlings in das kleine Zimmer hineinzuschießen, die Pistolen mit beiden Händen übereinander haltend. Als er das Magazin der einen Pistole (vermutlich der Mauser) leer geschossen hat, lädt er im großen Zimmer erneut nach.

Die beiden Beamten schießen nicht mehr. Der eine ist hinter dem Vertiko, der andere hinter dem Schreibtisch in Deckung gegangen. Gladow, in jeder Hand eine Pistole, stellt sich in die Tür des kleinen Zimmers: „Jetzt werde ich euch Hunde restlos fertigmachen..."

„Darauf schoß Gladow auf sie die beiden Pistolen leer", vermerkt der Polizeibericht weiter. „Die beiden Polizeibeamten schossen aus der Deckung zurück. Durch einen der letzten Schüsse erhielt Schawer (ein bisher unverletzter Polizist, d. A.) einen Steckschuß in den linken Oberschenkel. Dann ging Gladow auf den Balkon und gab von dort einen Schuß ab, indem er rief: ‚Die beiden sind erledigt, jetzt können die nächsten Kollegen kommen!' "

Der in die Enge getriebene Bandenchef feuert auf die Polizisten des Schnellkommandos, das inzwischen in der Schreinerstraße eingetroffen ist. Die Kugeln prallen vom Pflaster ab. Querschläger schwirren über die Straße, schlagen in Häuserwände und Fenster. Die von den Schüssen und dem Polizeiaufgebot angelockte Menge Neugieriger - schätzungsweise zweitausend Leute - stiebt in wilder Flucht auseinander. Doch auch Gladow pfeifen jetzt Kugeln um die Ohren. Gedeckt durch ihr Fahrzeug, von Mauervorsprüngen und Haustüren, erwidern die Polizisten das Feuer. Andere besetzen den Hinterhof, die Dächer der Nachbargebäude und bergen die Verwundeten.

Fast eine Stunde ist verstrichen. Immer noch fallen Schüsse aus den Pistolen des Banditen, der sich nun im Balkonzimmer verschanzt hat. Er weiß, daß ihm der letzte Fluchtweg abgeschnitten ist - die eigens dafür von ihm angelegte Ruinentür, ein Mauerdurchbruch zum benachbarten Ruinengrundstück. Er hört die Stimmen des Kommandos im Korridor und reagiert wie eine in die Falle geratene Bestie, angefeuert von der hysterischen Mutter, die ihm - an einem Zimmerfenster lauernd - die Ziele nennt.

Das dramatische Ende des Feuergefechtes mit dem Bandenführer Gladow ist in dem zeitgenössischen Tatsachenbericht von Florian Brand festgehalten:

„Wieder peitschen Schüsse durch die Zimmertür. Abschuß und Kugelaufschlag sind eins. Der Geruch von Pulverschleim und Mörtelstaub hängt in den Räumen. Dann wieder fallen Schüsse vom Balkon. Der Bandit muß über einen großen Munitionsvorrat verfügen. Und immer wieder ertönt die gellende Stimme der Frau, die ihrem Sohn Ziele zuweist. ‚Gegenüber an der Haustür‘ ... ‚Achtung, links‘ ... ‚Hinter dem Wagen sitzt einer!‘

Am Fenster des Nebenzimmers steht ein Kriminalkommissar. Er hat von hier aus ein ideales Blickfeld auf den vorderen Teil des Balkons, von dem Gladow die Straße unter Feuer hält.

‚Gegenüber in der Haustür!' kreischt wiederum die Stimme der Banditenmutter. Der Kriminalkommissar sieht, wie sich Revolver und Kopf des Verbrechers hinter der Brüstung des Balkons erheben. Seine Pistole bereits im Anschlag, zielt der Beamte kurz und drückt ab. Der Gangster sinkt zusammen. ‚Aus', sagt der Kommissar zu seinen Kollegen.

Wieder machen die Polizisten einen Vorstoß, die Tür zu öffnen. Kein Schuß fällt jetzt mehr. Stemmeisen werden angesetzt. Endlich springt die Tür auf. Mit erhobenen Pistolen stürmen die Beamten in das Zimmer. In der Balkontür liegt Werner Gladow am Boden. Seine Mutter, neben ihm kniend, streckt den Hereinstürmenden drei Pistolen entgegen. ‚Nicht schießen', stammelt sie. ‚Nicht schießen!' Dem am Boden liegenden Verbrecher strömt das Blut aus einer Hals- und einer Kopfwunde (laut Polizeibericht hatte er bei dem wiederholten Schußwechsel auch noch zwei Treffer am rechten Unter- und Oberschenkel abbekommen, d. A.).

‚Doktorchen' Gladow ist am Ende seiner Banditenlaufbahn. Der Anführer einer der gefährlichsten Gangsterbanden der Nachkriegszeit ist zur Strecke gebracht."

Steckbrief eines Räuberhauptmanns

Gladow und seine Bande, weit mehr als siebzig Helfershelfer aller kriminellen Schattierungen, verübten zwischen 1946 und 1949 über 350 Straftaten, darunter 127 schwere und schwerste Verbrechen. Sie erbeuteten Werte in einer Gesamthöhe von einer Million Mark. Geplant, ausgeklügelt und mitverübt wurden alle Raubzüge von dem intelligenten, brutalen Minderjährigen, den seine Spießgesellen unterwürfig „Doktorchen“ nannten. Auf seinem persönlichen Konto standen am Ende zwei Morde, fünfzehn Mordversuche, neunzehn Raubüberfälle und zehn schwere Diebstähle.

Wer aber war dieser noch nicht ganz Achtzehnjährige, der in den ersten Berliner Nachkriegsjahren bedenken- und gewissenlos stahl, betrog, raubte und mordete? Ein Schurke von Natur, ein kriminelles Subjekt, aus Veranlagung zum Verbrecher vorbestimmt?

Werner Gladow wurde am 8. Mai 1931 als Sohn des Fleischers Ernst Gladow und dessen Ehefrau Lucie in Berlin geboren. Der Vater - ein arbeitsscheuer Quartalssäufer und Schläger, der die Familie mit der Axt in Schach hielt und seine Männlichkeit bei Freundinnen unter Beweis stellt. Die Mutter - zwanzigstes Kind einer ostpreußischen Kätnerfamilie, eine hochgradige Hysterikern, die im Dilemma einer zerrütteten Ehe ihr Heil bei einer Sekte sucht. Ein Mensch, der sich brüstet, „niemals ein Buch gelesen“ zu haben.

Zwischen beiden der Sohn - aufgeweckt, aber seelisch durch das Elternhaus belastet und seinen Phantastereien überlassen. Schon im Kindesalter entwikkelt er sich zu einem Meister der Verstellung, den die Eltern nicht durchschauen - auch weil sie sich gar keine Mühe geben. Seine Erziehung besorgt faktisch die Hitlerjugend. Sie prägt Werner Gladows Vorstellungen von Draufgängertum und Kadavergehorsam. Als Neunjähriger träumt Werner Gladow drei Berufswünsche: Forscher, Spion oder - Räuberhauptmann. Und einer dieser Träume verdichtet sich immer stärker, je mehr seine Umwelt aus den Fugen gerät.

Es ist Krieg. Der Vater wird Soldat, die Mutter wird mit dem Sohn aus Berlin evakuiert. Werner Gladow wandert nach und nach durch elf verschiedene Schulen in Deutschland, im „Warthegau“, im „Protektorat Böhmen und Mähren“. Der Lernerfolg ist entsprechend. Im Frühjahr 1945 nach Berlin zurückgekehrt, drückt man ihm in einem Hitlerjugend-Heim ein Gewehr in die Hand. Zur Verteidigung „unseres Führers und der Reichshauptstadt“. Die Waffe gibt ihm zum ersten Mal das Gefühl, Macht über das Leben anderer zu besitzen.

Nach dem Kriegsende soll er wieder zur Schule gehen. Sein Gastspiel in der Knabenmittelschule Frankfurter Allee ist aber nur von kurzer Dauer. Das Zeugnis der Mittleren Reife lockt ihn nicht. Seine Idole sucht er anderswo. In Westberliner Flohkinos, die Hollywoods härteste Gangster-Stories im Programm haben, in abgegriffenen Krimiheften, die er sich vom Schmökertauschstand für ein paar Groschen holt. Das sind Werner Gladows Universitäten.

Zwischendurch sonnt er sich in der Vorstellung, Medizin zu studieren. Aus einem dickleibigen Ratgeber „Die Frau als Hausarzt“ holt er sich ein paar Fachausdrücke, mit denen er gerne protzt. Den Kumpels, mit denen sich der Halbwüchsige im zertrümmerten Berlin zwischen Bahnhof Zoo und Alexanderplatz herumtreibt, schwindelt er vor, ein paar Semester hinter sich zu haben. Gewollt oder nicht - damit hat er in diesem Kreis seinen Spitznamen weg, der ihn bis ans Ende begleiten wird: „Doktorchen". Und das gefällt dem Frühreifen, hebt es ihn doch heraus aus der amorphen Horde jugendlicher Streuner, die mit ihm den „Alex" unsicher machen.

Berlin Alexanderplatz 1946. Schwarzer Markt zwischen ausgebrannten Ruinen und Trümmerhalden. Ein Phänomen, das damals die meisten Menschen in Deutschland magisch anzog. Die einen aus dem Zwang bitterster Not, die anderen der ungeahnten Möglichkeiten wegen, aus dieser Not Kapital zu schlagen. „Auch in jenen mageren Jahren, nach dem Krieg, als in Deutschland das Bier ausging, und kaum einer wußte, wieviel und was er am nächsten Tag zu essen haben würde, als weder Särge noch Glühlampen zu beschaffen waren, gab es nichts, was es nicht gab. Nur - es gab von allem viel zu wenig. Das machte alles - für manchen unerschwinglich - teuer. Aber man zahlt nicht mit Geld, sondern vor allem mit Ware. Hintenrum. Auf dem Schwarzen Markt. Ein Kilo Kaffee kostete rund 1 500 Mark, und für einen echten Perser konnte man ganze zwei Zentner Kartoffeln erstehen. Das Einkommen der arbeitenden Bevölkerung hielt sich jedoch auf dem Niveau der Vorkriegszeit - unter 200 Reichsmark. Das reichte nicht zum Leben und nicht zum Sterben", definieren die Autoren Frank Gruber und Gerhard Richter „Die Schwarzmarktzeit".

Die Folge: „Not und Hunger verdrängten schnell die bürgerliche Moral und ließen die kriminellen Schranken fallen ... Selbst brave Bürger drängte es daher zu jenen Plätzen und Bezirken, auf denen der Schwarze Markt blühte." Mehr als vierzig Prozent aller Großstädter, konnten „auf diesem ungewohnten Terrain Erfahrungen vorweisen".

Der Schriftsteller Siegfried Lenz schildert in „Lehmanns Erzählungen" das Schwarzmarkt-Milieu: „Ich hörte ... Stimmen, die im Vorbeigehen ehrgeizlos flüsterten: ‚Brotmarken' oder ‚Nähgarn', hörte eine Frau, die mit gesenktem Blick nur ein einziges Wort sagte: ‚Marinaden, Marinaden', ein Greis murmelte ‚Bettzeug', ein rotgesichtiges Mädchen ‚Amis'. Jede Stimme empfahl ehrgeizlos etwas anderes: Schuhe, Fischwurst, Stopfnadeln ... Uhren, Schinken, Kaffee und Eipulver ...

Was besonders zu Ehren kam, war die uralte Praxis der ersten Märkte - der Tausch. Ich selbst wurde es gewahr, denn nachdem ich mehrmals ‚Sahnelöffel, Sahnelöffel' geflüstert hatte, setzte sich mir ein hagerer Mann auf die Spur, drängte mich hinter eine geborstene Mauer, wo ich - nur aus Spaß und Neugierde - ein Angora-Kaninchen eintauschte. Allerdings trug ich es nicht nach Hause, sondern stieß es gleich gegen wollenes Unterzeug ab, erhielt dafür englische Zigaretten und bezahlte mit ihnen drei Flaschen Bratöl, das sich indes, später zu Hause, als Torpedoöl herausstellte. Doch obzwar die Bratkartoffeln das Bild einer Seeschlacht vor meinem Auge hervorriefen, war ich mit allem zufrieden, was ich für den Anfang erfahren hatte."

Der Schwarze Markt am Alex: Ein Gewimmel von Menschen, ärmlich und hohlwangig, rattengleich oder ängstlich Ausschau haltend. Aber auch „auffallend angezogene junge Leute, nagelneue Schuhe mit dikken Kreppsohlen an den Füßen; finstere Typen, bunte Schals um den Hals geschlungen", schildert ein Illustrierten-Bericht die gespenstische Szenerie. „Sie alle redeten, gestikulierten, handelten. Lederne Aktentaschen mit Nickelschlössern, wie man sie seit Jahren nicht mehr kaufen konnte, wurden geöffnet. Dazwischen huschten die Gestalten des Elends; alte Herren in dünnen, schäbigen Mänteln, die Porzellan, Silber, Schmuck zu verkaufen suchten; junge Frauen mit Markttaschen, in die sie blitzschnell die für sündhaftes Geld erstandenen Waren verschwinden lassen; ausgemergelte Kinder, deren größtes Glück in einer Rippe geschenkter Schokolade bestand." Viele dieser jüngsten Opfer des von Größenwahnsinnigen angezettelten und verlorenen Krieges lernen sehr schnell das Einmaleins des Überlebens in der verwüsteten und hungernden Millionenstadt Berlin, wo das Durchschnittsgewicht eines arbeitenden Mannes im Alter von dreißig bis vierzig Jahren von 150 auf 110 Pfund gesunken ist und 70 000 Menschen an offener Tuberkulose leiden.

Während der letzten Schultage hat sich Werner Gladow auf dem Alexanderplatz gleichgesinnten Jugendlichen angeschlossen, die auf dem Schwarzen Markt ihre Gaunereien verüben. Auf eigene Rechnung oder als Gehilfen von Schiebern und Schmugglern. Eine Polizei-Statistik vermerkt, daß damals in Berlin innerhalb eines Monats 280 Kinder und Jugendliche im Alter von zwölf bis vierzehn Jahren festgenommen wurden: 199 wegen Diebstahl, 23 wegen Einbruch, die restlichen als Schwarzhändler oder Schläger.

Gladow legt seine Eignungsprüfung mit dem Diebstahl einer Tafel Schokolade ab, die er an der nächsten Ecke für zwanzig Mark verkauft. Gewitzt macht er sich - 15 Jahre alt - die Erfahrungen und Kniffe der Kumpane zunutze. Rasch erlangt er den Ruf eines Kipperkönigs vom Alex. Er beherrscht den Kipper-Trick wie kein zweiter: Dem Interessenten eines Geldtausches, meist Schieber oder Schmuggler, wird ein engverschnürtes Bündel Zehn-Mark-Scheine im Werte von angeblich eintausend Mark offeriert. Doch nur der obere und der untere Geldschein sind echt. Der Rest - ein Stapel Makulatur. Beim Tauschen ruft ein Helfershelfer: „Razzia!" - und bevor der Übertölpelte das Geldbündel prüfen kann, ist der Kipper mit seiner Beute im Gewühl untergetaucht.

Im Sommer 1947 wird Gladow auf frischer Tat ertappt. Er widersetzt sich der Festnahme und wandert für vier Monate ins Jugendgefängnis Plötzensee. Im Gewahrsam mit anderen Jung-Ganoven nimmt einer seiner Berufsträume aus Kindertagen feste Gestalt an: Räuberhauptmann einer richtigen Bande will er werden. Kein Schinderhannes oder Robin Hood, diese armseligen Spinner. Seine Vorbilder sind clevere Gangsterkönige, vor denen man einst in den Metropolen Nordamerikas zitterte.

Seinem Zellengenossen Werner Papke (dem späteren Bandenmitglied „Sohni") erzählt er stundenlang Kriminalstories; besessen von Verbrechen und Verbrechern wie zum Beispiel John Dillinger, seinerzeit Amerikas Staatsfeind Nummer eins.

Die Killer-Legenden

John Dillinger, auch John the Killer genannt, lehrte zwischen 1929 und 1934 die Öffentlichkeit der USA das Gruseln. Er war das Schreckgespenst der Bundeskriminalpolizei (FBI) und deren Sondertruppe, der sogenannten G-Men, die FBI-Chef Hoover aufstellte.

Der Sohn eines Kaufmanns und Vorstandsmitglieds der First Christian Church in Mooresville (Indiana) landete als 21jähriger wegen versuchten Raubmords in einer Besserungsanstalt für jugendliche Verbrecher. Geläutert hat ihn der dortige Strafvollzug nicht. Nach vier Jahren Aufenthalt vom Gouverneur von Indiana begnadigt und auf Ehrenwort entlassen, verübte er mit einer im Gefängnis gebildeten Bande die ersten Raubüberfälle auf Banken in Indiana und in den Nachbarstaaten Ohio, Michigan und Illinois.

„Dillinger begnügt sich nicht mit der alten Räubermanier: Hände hoch und Geld 'raus! - er schießt ohne Warnung in die Menge, tötet jeden, der ihm auf dem Wege zum Kassenschalter hinderlich ist, ob er Widerstand leistet oder nicht. Diese gnadenlose Brutalität schafft ihm schließlich den Respekt, den er für das Gelingen seiner weiteren Pläne braucht. Niemand wagt noch den geringsten Widerstand, wenn Dillingers Männer, mit den Regenmänteln über dem Arm, im Schalterraum einer Bank auftauchen." So beschreibt später der Berliner Kriminalschriftsteller Günter Prodöhl das Vorgehen des amerikanischen Supergangsters, von dem sich Gladow zur Nachahmung inspiriert fühlte.

Bis 1933 kommen auf das Konto der Dillinger-Bande mehr als 45 Banküberfälle mit einer Gesamtbeute von annähernd fünf Millionen Dollar. 1934 werden Dillinger und sein Anhang zum „Public Enemy No. 1“, das heißt für vogelfrei erklärt. Doch der Gangsterchef, auf den nach einer Gesichtsoperation kein Steckbrief mehr paßt, hält Amerikas Öffentlichkeit in Atem.Mit Maschinengewehrsalven und gepanzerten Limousinen deckt er die Flucht der früheren Bandenmitglieder Clyde Barrow und dessen Freundin Bonnie Pastor aus dem Todestrakt im Zuchthaus Muntsville in Texas. Erst als ihn eine eifersüchtige Ex-Geliebte gegen 5 000 Dollar Kopfgeld verrät, fällt Dillinger nach einem Kinobesuch in Chicago unter den Schüssen zweier Scharfschützen aus Nahdistanz.

Diese öffentliche Hinrichtung bewirkte das Gegenteil einer Abschreckung. Sie verhalf Dillinger zu legendärem Ruhm, erhob das Gangsterunwesen auf ein Heldenpodest, urteilt Prodöhl, Sachkenner der internationalen Verbrecherwelt. Der Beweis: „Die Beerdigung Dillingers hat das bereits gezeigt. In seinem Geburtsort Mooresville wird er mit Duldung der Behörden wie ein gefallener Held der Nation aufgebahrt. Dreißigtausend Menschen, die in Sonderautobussen kommen, defilieren an seinem offenen Sarg vorbei. Die Beisetzung gleicht einem Staatsbegräbnis. Die Honoratioren von Mooresville sind anwesend, ein Männerquartett singt, und Reverend Filmore, der Dillinger einst getauft hat, segnet den Leichnam mit Weihrauch ein.“

Die Folgen dieser postumen Vergötterung eines Schwerstverbrechers sind erschreckend und beängstigend: „In Millionen Gangsterschmökern aber werden von nun ab Dillingers Verbrechen verherrlicht und Polizei und Gesetz der Lächerlichkeit preisgegeben.

Die legendäre Dillinger-Story wird geboren. Millionen Hirne abenteuerlustiger Jugendlicher werden zur Nachahmung angeregt." Durch diese Glorifizierung der grausamen Verbrechen mit Hilfe der in aller Welt verbreiteten Bücher, Hefte und Comics sowie Filme kann auf schlimmere Folgen als bei allen Morden und Bankrauben der Dillinger-Bande selbst geschlossen werden. „Hunderttausende Verbrecher werden in den nächsten vierundzwanzig Jahren nach dem Vorbild des Dillinger-Gangstertums gezüchtet ..."

So auch Werner Gladow, der sich systematisch zum Gangster schult. Aus allen möglichen Schmökern und Filmen empfängt er nun detaillierte Anregungen zur Planung und Ausführung von Verbrechen. Den Gangster-Eleven faszinieren Dillingers Brutalität und Schonungslosigkeit, doch dessen Ende paßt nicht in sein Konzept. Eher schon die Karriere eines Al Capone, der nahezu unumschränkt im Chicago der zwanziger und dreißiger Jahre herrschte. Die Biographie dieses Gangsterkönigs - „Ein Mensch wird zum Verbrecher" - liefert ihm neuen Lehrstoff.

Der 1899 als Sohn neapolitanischer Einwanderer in Brooklyn (New York) geborene Alphonse Caponi wurde mit vierzehn Jahren Mitglied einer der berüchtigsten Jugendbanden New Yorks. Sie nannte sich nach einer Straßenkreuzung ihres Reviers: „Five Pointers". Eine Meute junger Banditen, die vor nichts zurückschreckte. „Bei ihnen lernte Al Capone mit dem Messer, der Pistole, aber auch mit seiner bloßen Faust umzugehen", liest man in Dieter Sinns „Das Große Verbrecher-Lexikon" über die Lehrjahre des vermutlich bekanntesten Gangsters in den USA. Und weiter: „Er kam zu mehr Macht, als sie jemals ein amerikanischer Präsident inne hatte, er kümmerte sich weder um Gesetz noch um die Verfassung, kannte nur Korruption, Terror, Mord und Bestechung von Politikern, Richtern und Polizeipräsidenten. Seine Gürtelschnalle war mit Brillanten besetzt, er liebte Seidenanzüge und Maiglöckchen-Parfüm, nahm Einfluß auf Wahlen, kontrollierte Gewerkschaften, Bordelle, Rathäuser und Gerichte, legte auch Menschen einfach mit einem Faustschlag um - und wurde nie wegen Mordes angeklagt, obgleich die Polizei sicher ist, daß mindestens 100 Morde auf sein Konto kamen."

Ein vergleichsweise läppischer Fall von Steuerhinterziehung beendete diese Gangster-Laufbahn: Mike Malone, ein unbedeutender Finanzbeamter, kam dahinter, daß der millionenschwere Gangsterboß nie einen Cent Steuern bezahlt hatte. Mit dem FBI im Bunde, legte er sich das Pseudonym Mike Lepito und die Tarnung eines aus Philadelphia flüchtigen Einbrechers zu. So gelangte er in die nächste Umgebung Al Capones, gewann dessen Sympathie - und brachte ihn im Laufe von zwei Jahren zur Strecke: „Capone ... stand am 16. Juli 1931 vor Gericht, angeklagt nicht wegen Mordes, sondern wegen Steuerhinterziehung. Am 24. Oktober 1931 erhielt er 50 000 Dollar Strafe aufgebrummt, dazu 30 000 Dollar Verfahrenskosten und 11 Jahre Gefängnis. Im Gefängnis ließ er es sich nochmals gutgehen. Er veranstaltete Pressekonferenzen auf dem Elektrischen Stuhl, spielte Tennis und empfing seine Berufskollegen Dutch Schultz (Schutzgeld-Erpresser en gros, erschossen Oktober 1935, d. A.) und Lucky Luciane (genannt der 'Glückliche'. Profession: Alkoholschmuggel, Rauschgiftschmuggel, Zuhälterei, erlag 1962 in Italien einem Herzschlag,

d. A.)." Der mit unheilbarer Syphilis behaftete Al Capone kam 1939 aus dem Zuchthaus Alcatraz bei San Francisco frei und starb am 25. Januar 1947 in Florida. Im Kreise seiner Familie.

Der jugendliche Bandenführer in spe Gladow ist berauscht von Dillingers Raublust und Al Capones Allmacht, wird nicht müde, dem Mitgefangenen Papke alias Sohni die eigenen Pläne darzulegen. Er will selbst ein König der Unterwelt werden. Der Al Capone von Berlin!

Gladow: „Ich werde die beiden noch übertrumpfen. Mit außergewöhnlichen Überfällen, daß ganz Berlin staunen wird!" Eine mit Stahljalousien festungsartig ausgebaute Villa in Dahlem werde er besitzen; mit gepanzerten Wagen in der Garage für „ganz große Dinger": Bankraub und Überfall auf Geldtransporte.

Der fast gleichaltrige Sohni will nicht nachstehen. Er brüstet sich mit der eigenen kriminellen Vergangenheit und damit, daß er zwei Pistolen besitzt. Das ist Musik in Gladows Ohren. Sohni soll sein erster Mitmacher werden.

Gesellenstück mit der Pistole

Frühjahr 1948. Werner Gladow streicht ruhelos durch die Straßen. Seit dem unfreiwilligen Gastspiel in Plötzensee ist er am Alexanderplatz weg vom Fenster. Der Kipper-Trick ist Schnee von gestern. Die Komplizen, mit denen er auf Dummenfang gegangen war, haben sich in alle Winde zerstreut. Dafür ist nun Sohni zu ihm gestoßen und hat ihm bereitwillig eine seiner Pistolen überlassen.

Dennoch ist Gladow mit sich und der Welt unzufrieden. Eine geladene Pistole in der Achselhöhle und lumpige zwanzig Mark Taschengeld von Muttern - das paßt mit einem, der auszieht, Gangsterboß zu werden, nicht zusammen. Kapital muß her, beschließt er. Und Sohni weiß Rat. „Doktorchen, inne Rankestraße in Schlorrendorf, nich weit vonne Jedächtniskirche, liecht innem Fotoladen 'ne Pfundskamera im Fenster, 'ne Leica. Die bringt jarantiert wenigstens dreißigtausend Emmchen."

Am späten Nachmittag des 15. April machen sie sich auf den Weg nach Charlottenburg. Es ist kurz vor Ladenschluß. Das in Kriegszeiten zertrümmerte Schaufenster ist immer noch holzverkleidet, hat jedoch in der Mitte eine kleine Scheibe aus dünnem Glas. Die kann ich mit dem Ellenbogen leicht einstoßen, durchzuckt es Gladow. Und er schlägt zu, daß die Scheibe aus dem Rahmen splittert. Ein Griff - und er hat das Wertstück in der Hand.

Da springt die Ladentür auf. Zwei Männer stürzen heraus, gefolgt von einem kläffenden Hund. Sohni rennt davon. Gladow, ebenfalls auf dem Sprung, reißt kaltblütig die Pistole aus dem Halfter und schießt. Einer der Verfolger bricht zusammen.

Werner Gladow hat in seiner Banditenlaufbahn zum ersten Mal auf einen Menschen geschossen. „Bewußt und bedenkenlos", wird einmal das Gericht feststellen. Er wird es noch oft tun nach diesem Gesellenstück mit der Pistole.

Das Räuber-Duo entkommt unangefochten und taucht in der Augsburger Straße im Strom der Passanten unter. Sohnis grandioser Tip erweist sich als Flop. Als sie die erbeutete Kamera auf ihre Funktionstüchtigkeit untersuchen, stellt sich heraus: die Leica ist eine raffiniert nachgebaute Schaufenster-Attrappe. Ohne den geringsten Wert.

„Du bist eine ganz große Flasche“, herrscht Gladow den nun kleinlaut gewordenen Komplizen an. Sohni bekommt die schon im einstigen Kipper-Verein gefürchtete brutale Faust zu spüren.

Der Gedemütigte versucht bald, die Scharte auszuwetzen. „Auf'm Rummel anne Schönhauser Allee, weeßte doch, jejenüber vom U-Bahnhof Danziger Straße (heute Eberswalder Straße, d. A.), nimmt der Kassierer vonne Achterbahn, wenn Schluß is, die Kasse mit in sein' Wohnwagen. Det wär' doch wat Reelles.“

Mit schwarzen Tüchern maskiert, und bewaffnet lauern sie im Schatten des Wagens auf ihr Opfer. Die letzten Lichter des Rummelplatzes erlöschen.

Der Kassierer kommt, den Karton mit der Tageseinnahme unter dem Arm. Da stürzen sich die schattenhaften Gestalten auf ihn. „Kohle her - sonst knallt's“, stößt Gladow hervor. Sohni greift nach dem Karton, doch der Überfallene läßt nicht los, ruft um Hilfe.

„Dann nicht, du Hund!“ Gladow schießt den sich Wehrenden aus nächster Nähe in den Arm. Sein Kumpan reißt die Beute an sich. In der Wagenburg der Schausteller wird es lebendig. Türen öffnen sich. Aufgeregte Stimmen sind zu hören. Taschenlampen blinken auf. Ein Lichtkegel streicht über den am Boden liegenden Kassierer und die fluchtbereiten Räuber. Ein paar Männer kommen angerannt.

„Baller' mal in die Luft, damit sie die Schwänze einziehen“, befiehlt Gladow. Im Davonlaufen schießen sie die Magazine leer. Ihr Ziel ist die nahe Grenze zum Französischen Sektor. „Hier kann uns keiner“, grinst Gladow, als sie in die Bernauer Straße einbiegen. Einem Posten der Westberliner Polizei, der sie fragt, was „da drüben los war“, antwortet der junge Bandit seelenruhig: „Keene Ahnung, aber wahrscheinlich hat die Vopo jeballert.“

Die Beute ist geringer als erwartet - zweitausend Mark. Wer hat in dieser Zeit politischer und wirtschaftlicher Unsicherheit in Berlin schon Geld, sich auf einem Rummelplatz zu vergnügen. Dennoch, Werner Gladow ist zufrieden. Dillinger und Al Capone haben auch mal klein angefangen. „Wir teilen den Zaster“, entscheidet er großzügig. „Um ’ne Gang zu finanzieren, dafür reichen die paar Kröten noch nicht. Aber ich schaff det noch!“

Erster Schritt zur Gründung seines Räuber-Vereins ist die Kontaktaufnahme am Alexanderplatz, im Scheunenviertel, rund um den Bahnhof Zoo. Dort trifft der künftige Räuberhauptmann aus der Schreinerstraße seine Auswahl unter professionellen Kriminellen. Diebe und Einbrecher wie Kutte Gaebler und Gerhard Rogasch, Dietrich Bohla und Olaf Wellnitz. Auch Gustav Völpel heuert Gladow an, den ausgekochten Hehler und Tipgeber, den sie Henker-Hannes nennen, weil er sich eine Zeitlang als Scharfrichtergehilfe betätigte. Der älteste in diesem Ganovenbund ist der vierunddreißigjährige Franz Redzinski, genannt Bomme, ein rabiater Schläger mit neunzehn Vorstrafen wegen Einbruchs- und Sittlichkeitsdelikten.

Gladows Auftreten duldet keinen Widerspruch. Sein wildes Drauflosgehen, die Mutproben, die er selber ablegt und von seinem Haufen verlangt, imponieren den durchweg älteren Kerlen ebenso wie die bis ins kleinste Detail ausgeheckte Planung und Durchführung seiner Raubzüge. Seine Redegewandtheit schüchtert sie ein, läßt sie vergessen, daß der stämmige Bursche mit dem dichten Lockenschopf nicht älter als siebzehn Jahre ist. Für sie steigt er auf zum Chef „von't Janze", ihr Doktorchen. Im November 1948 steht die Bande.

Raubzüge im Viersektoren-Stil

1948 werden allein im Sowjetischen Sektor von der Deutschen Volkspolizei (im allgemeinen Sprachgebrauch Vopo) zwölf Bandenüberfälle registriert. Die brutalsten - wird man später ermitteln - verübte die Gladow-Bande. Alex W., seinerzeit Angehöriger der Ostberliner Kripo, berichtete darüber dem Kriminalschriftsteller Gert Prokop in der Neuen Berliner Illustrierten (Nr. 29/1965):

„Zuerst - das begann so im Frühsommer 1948 - war da nur ein allgemeiner Anstieg der schweren Verbrechen mit Gewaltanwendung, ohne einen Hinweis oder Anhaltspunkt auf eine Bande. Wissen Sie, die Straftaten waren sehr unterschiedlich, der Täterkreis wechselte, mal war's nur einer, mal eine ganze Gruppe.

Dazu kam, daß die Gladow-Bande von der Teilung Berlins und der Spaltung der Polizei profitierte. Die hielten sich natürlich an keine Sektoren- und Zuständigkeitsgrenzen, die arbeiteten im Viersektoren-Stil. So wurde ein Teil der Delikte bei uns im Präsidium (Neue Königstraße, heute Hans-Beimler-Straße, d. A.), ein anderer Teil in der Westberliner Friesenstraße bearbeitet. Wenn die Fakten alle in eine Hand gekommen wären, hätte das sicher viel schneller zu konkreten Ergebnissen geführt.

Aber im Laufe der Ermittlungen tauchten immer wieder zwei Hinweise auf:

Der eine der Täter wurde als junger blonder Mann, häufig mit offenem Hemdkragen, beschrieben - und dann der Name ‚Dok- torchen'. Aber ‚Doktorchen' gab es in unserer Spitz-namenkartei eine ganze Menge, und als wir sie überprüft hatten, kam eigentlich keiner in Frage. Und noch ein gemeinsames Kennzeichen: Die Verbrechen wurden mit großer Brutalität und Dreistigkeit und rücksichtslosem Gebrauch von Schußwaffen begangen."

Der in der zweiten Jahreshälfte 1948 ausgebrochene Kleinkrieg zwischen den Polizeipräsidenten Ost (Markgraf) und West (Stumm) um den polizeilichen Alleinvertretungsanspruch in Berlin behinderte die Verfolgung und Aufklärung von Verbrechen. Zum Beispiel im Fall der Haase-Bande. Horst Haase, seinerzeit einer der meistgesuchten Verbrecher Berlins, führte eine zwanzigköpfige Truppe an, die ihre Überfälle in geraubten Polizeiuniformen ausführte. Bei einem solchen räuberischen Unternehmen in Tegel konnte der im Sowjetischen Sektor wohnende Oberbandit dingfest gemacht werden. Er saß nun im Französischen Sektor hinter Gittern. Wenig später flog seine Bande im Osten der Stadt auf. Die Friesenstraße lehnte aber eine Überführung Haases in die Ostberliner Kripozentrale ab, obwohl dort für die Aufklärung der Verbrechen wichtige Gegenüberstellungen erfolgen sollten.

Umgekehrt verweigerte die Kripo Ost „grundsätzlich die Abgabe von Vorgängen an die Friesenstraße und zeigte auch kein Entgegenkommen bei der Beschaffung dringend benötigter Unterlagen aller Art. Aufforderungen an die Kripo Ost, Vertreter zu Besprechungen zu entsenden, blieben ebenso unbeantwortet wie Fernschreiben. Der Leiter des Fahndungsdienstes in der Dircksen-straße (Ost) wies Mitte August 1948 triumphierend darauf hin, daß der gesamte Erkennungsdienst, der Fahndungsapparat und andere wichtige Einrichtungen und Hilfsmittel der Kripo ‚sich unversehrt in unserer Hand‘ befinden, während die Friesenstraße ‚nichts von alledem‘ habe (‚Die Berliner Polizei 1945 - 1992‘).“

Die Tageszeitung Der Morgen stellte am 19. August 1948 resigniert fest: „Wenn sich früher ein schwerer Junge dem strafenden Arm der Gerechtigkeit entziehen wollte, mußte er schon über den Ozean fliehen. Nun braucht er nur den Sektor zu wechseln, um das behagliche Gefühl des Geborgenseins auskosten zu können.“

Die Gladow-Bande nutzt die Fehde der Polizei gründlich aus. Juwelierläden, Pfandleihen, Tauschzentralen und Villen sind ihre bevorzugten Angriffsziele. Die benötigten Kraftwagen werden auf offener Straße geraubt. Jeglicher Widerstand wird mit Gummiknüppeln, Totschlägern oder Pistolen im Keim erstickt. Doktorchens Waffenarsenal wächst - nicht zuletzt durch Überfälle auf Volkspolizei-Posten an den Sektorengrenzen - auf mehr als zwanzig Pistolen und einen größeren Vorrat an Munition. Ein Polizist, der sich der Entwaffnung widersetzt, wird niedergeschossen.

Gladows Untaten versetzen die Berliner weniger „in Staunen“ - wie er einst in Plötzensee prahlte -, son-

Ein ausgehöhltes Buch diente als Pistolenversteck; gepunktete Schlipse waren das Erkennungszeichen der Gladow-Bande

dern vielmehr in Angst und Schrecken. Die Polizei greift weiterhin ins Leere. Paralysiert durch die nahezu alle Lebensbereiche beeinflussende Spaltung Berlins, scheitern die separaten Anstrengungen der Kripo in Ost und West an Gladows raffiniert aufgezogener Organisation, die sich etwa aus 78 Tätern, Mitwissern und Hehlern zusammensetzt. Zwar gelten weiße blaugepunktete Krawatten als Erkennungszeichen, aber: „Die Mitglieder der Bande kannten sich untereinander fast nur bei ihren Spitznamen (wie ‚Dikker', ‚Nase' oder ‚Schneller', d. A.), nur Gladow selbst wußte alle Namen und Adressen. Nie traten sie geschlossen auf. Sie haben sich auch nie in einer Wohnung, sondern in Parks und auf Kinderspielplätzen oder an einem Feuermelder in der Frankfurter Allee getroffen, der auch als Briefkasten diente" (Alex W.).

Füße im Feuer

Geschickt macht sich der Bandenchef die im Kalten Krieg entfesselte antisowjetische Stimmung zunutze: Bei mehreren Überfällen bedienen sich die Banditen russischer Wortbrocken, um falsche Spuren zu legen. Auch vor Gestapo-Methoden schreckt der selbsternannte Al Capone nicht zurück.

7. Dezember 1948, 19 Uhr. In der vierten Etage des Hauses Frankfurter Allee 268 hat die dort etablierte Tauschzentrale Ladenschluß. Es ist ein Unternehmen, das mit der Not Geschäfte macht in dieser Zeit der Lebensmittel-, Kleider- und Raucherkarten und der Bezugsscheine. Die Besitzer solcher Zentralen schlagen aus dem obskuren Kommissionshandel mit Schmuck, Kleidungsstücken, Tabakwaren, Butter und vielen anderen lebenswichtig oder kostbar gewordenen Dingen Kapital. Manches ihrer Geschäfte hat allen Grund, das Tageslicht zu scheuen. Der Kommissionär fragt nicht nach der Herkunft der Waren. Hauptsache, seine Prozente stimmen.

Daß in der Frankfurter Allee einiges zu holen ist, haben Gladows Späher schon herausgefunden. Unter Doktorchens Führung machen sich Sohni, Gaebler und Rogasch auf, die Kohle zu kassieren. Gladow und sein früherer Zellengenosse schleichen im Dunkeln die Treppen hinauf, die beiden anderen stehen im Hausflur Schmiere. Der Inhaber, seine Geschäftsführerin und eine späte Kundin schicken sich gerade zum Gehen an. Da dringen Gladow und Sohni ein; die Gesichter durch schwarze Tücher halbverdeckt, Pistolen in den Händen.

„Ruhe - oder es wird geschossen! Alle ins Hinterzimmer!“ befiehlt Gladow. „Und auf den Boden legen!“

Der Inhaber zögert. Ein Fußtritt Sohnis wirft ihn auf den Teppich.

„Fesseln und knebeln“, befiehlt der Bandenchef und fährt den an allen Gliedern zitternden Händler an: „Los, Mensch, rück’ zwanzigtausend ’raus, sonst machen wir hier Kleinholz.“

„Ich hab’ kein Bargeld im Hause, nie. Alles bei der Bank, mein Konto...“

„Denk’ mal gut nach!“ Gladow schlägt mit dem Pistolengriff zu. Blut rinnt dem Mann über die Stirn, doch er schweigt. Der Bandit zieht ein Dolchmesser. „Ich schneide dir die Nase und die Ohren ab“, droht er. Umsonst.

Jetzt ist die Geschäftsführerin an der Reihe.

„Ich kann Ihnen nichts sagen“, jammert die Frau.

„Das woll’n wir doch mal sehen“, schäumt Doktorchen und sticht ihr das Messer mehrmals in Brust und Beine. Blutüberströmt verliert sie das Bewußtsein.

„Schluß jetzt! Ich lass’ mich doch von euch nicht verarschen“, sagt Gladow eisig. „Dich kriegen wir nach Gestapo-Rezept weich.“ Und zu Sohni: „Hol’ mal die Heizsonne ’rüber!“

Er reißt dem Gefesselten die Schuhe herunter, schneidet ihm die Strümpfe von den Füßen. „Überleg’s dir, sonst machen wir dir Feuer unterm Arsch!“

Doch die Heizsonne streikt. Sohni zerreißt ein paar Kartons. Er zündet die Pappstreifen an und schiebt sie zwischen die nackten Füße. Der Gefolterte gesteht schließlich, daß sich die Geldkassette in seiner Wohnung, in der Pfarrstraße, befindet.

„Warum nicht gleich so", höhnt Gladow. Er schiebt Sohni rasch zur Tür und überläßt die gemarterten Opfer ihrem Schicksal. Sohni und Rogasch werden in die nahe Pfarrstraße geschickt, um die Beute zu holen. „Ich bleibe mit Kutte hier in der Nähe, damit wir dem Kerl einen Denkzettel verpassen können, wenn er gelogen hat."

Dem Händler gelingt es inzwischen, sich und die Frauen von den Fesseln zu befreien. Er flüchtet über die Hintertreppe. „Blutend und mit verbrannten Füßen läuft er aus dem Haus in die kalte Dezembernacht nach der Pfarrstraße", ist in Florian Brands Tatsachenbericht von damals festgehalten. „Seine Rufe alarmieren die Bewohner der benachbarten Häuser. Menschen sammeln sich auf der Straße. ‚Einbrecher, Banditen in meinem Geschäft! Polizei!', schreit der Inhaber verzweifelt."

Die beiden Beutesucher hören ihn lärmen. Sie raffen eilig die Geldkassette und was ihnen gerade unter die Finger kommt. Mit gezogenen Pistolen stürmen sie aus dem Haus. „Einige Schüsse fallen. Hart hallt ihr Krachen durch die dunkle, stille Straße. Mündungsfeuer blitzt auf. Entsetzt stürzen die Neugierigen davon und bringen sich in Sicherheit."

Sohni und Rogasch verschwinden, ein paar Verfolger durch mehrere Schüsse abschüttelnd, über das Gelände des S-Bahnhofes Frankfurter Allee. Den Raub verbergen sie auf dem Hinterhof einer Ruine.

Anderntags ist das Versteck leer. „Scheiße", flucht Rogasch. „Da hat uns einer beobachtet und beklaut!"

Sohni zuckt die Achseln. „Ha'm wa eben mit Zitronen jehandelt." Er weiß es besser. Er selbst hat in der Nacht die Beute an einen anderen Ort geschafft. Warum Rogasch in Versuchung führen? Der wäre imstande, sich alles heimlich unter den Nagel zu reißen.

„Gut gemacht“, lobt ihn Doktorchen. „Wir zwei beide haben sowieso die meiste Arbeit gehabt.“

Sie teilen sich die Beute: Achttausend Mark in bar, zwei Butterpakete, eine Ente.

„Das wird ein Weihnachten mit Fettlebe“, frohlockt Gladow. „Und im neuen Jahr legen wir erst richtig los!“

Mord ist eingeplant

Westberlin an der Jahreswende 1948/49. Seit einem halben Jahr stehen an den Kontrollstellen der Zonengrenze zu Lande und zu Wasser alle Signale auf Rot. Die Westsektoren Berlins sind damit praktisch von den lebenswichtigen Zufuhren aus den westlichen Besatzungszonen abgeschnitten. Die Sowjetunion hat die Blockade über Westberlin verhängt. Als Grund werden „technische Störungen und Schwierigkeiten“ angegeben. Die eigentliche Ursache für die Blockade war aber höchst politischer Natur. Die sowjetische Kommandantur antwortete damit auf die Einführung der DM in den Westberliner Sektoren. Der Besitz von Westmark im Ostsektor wurde unter Strafe gestellt. Gleichzeitig kündigte die Sowjetunion ihre Mitarbeit in der Alliierten Kommandantur auf.

Drastische Sparmaßnahmen sind nun im Westen Berlins erforderlich. Die auf Lebensmittelkarten verabreichte Tagesration für die meisten Westberliner: 400 Gramm Brot, 50 Gramm Nährmittel, 40 Gramm Fleisch, 30 Gramm Fett, 40 Gramm Zucker, 400

Gramm Trockenkartoffeln, 5 Gramm Käse. Zum Heizen gibt es pro Kopf nur 12,5 Kilogramm Holz, Kohlen oder Kohleersatz. Straßen- und U-Bahn schränken im Hinblick auf die schwindenden Kohlereserven der Kraftwerke den Betrieb ein. Wenn es Abend wird, versinken ganze Stadtviertel in Finsternis, denn Strom und Gas für die Haushalte wird täglich nur zwei bis vier Stunden geliefert.

Dennoch: „Der Insulaner verliert die Ruhe nicht", heißt es in einem rasch populären Song des Kabarettisten Günter Neumann.

Die satirische Zeitschrift „Ulenspiegel" empfiehlt, sich in „neudeutscher Konjugation" zu üben: „Ich habe kein Licht - du hast keine Kohle - er ißt Trokkenkartoffeln - wir kauen nur noch Büchsenfleisch - ihr habt es auch schon satt - sie möchten ein Schnitzel."

Rund um die Uhr dröhnen am Himmel die Motoren amerikanischer, britischer und französischer Transportflugzeuge, die - so der Volksmund - Rosinenbomber der Luftbrücke, die Westberlin mit dem Hinterland jenseits von Werra und Elbe verbindet. Alle neunzig Sekunden landet und startet eine Maschine auf den Flughäfen in Tempelhof, Gatow und Tegel, bringt Kohle, Trockengemüse, Milch- und Kartoffelpulver, wird zum Rückflug mit Gütern beladen, die in den Westsektoren hergestellt wurden.

Im Schatten dieser Luftbrücke prosperiert der Schwarze Markt wie kaum zuvor. Amerikanische Camel-Zigaretten und britische Cadbury-Schokolade werden ebenso teuer gehandelt wie Butter, Kartoffeln und Frischfleisch aus dem Umland des Ostsektors.

Zum wichtigsten Umschlagplatz für die heiße Ware

entwickelt sich der ruinengesäumte Potsdamer Platz, wo die Sektorengrenzen der Sowjets, Amerikaner und Briten zusammentreffen. „Guten Zeiten gehen speziell die Schwarzmarkthändler entgegen“, konstatiert die Zeitung Tribüne am 20. August 1948. „An den Sektorengrenzen ist es ihnen leicht möglich, bei Razzien in einen anderen Sektor zu entwischen.“ Hier treffen sich aber nur die kleinen Händler. Gladow ist davon weit entfernt.

Von seinen Kumpanen auf das verhältnismäßig gefahrlose Schwarzmarkt-Geschäft angesprochen, winkt Gladow verächtlich ab. „Lappalien! Ich hab’ janz andere Dinger in petto.“ Etwa die Villa einer „alleinstehenden Ollen mit ville Zaster“ in Dahlem. Ein Tip, der von Rogaschs Braut, der Schwarzen Katja, stammt.

Zu fünft ziehen sie am Abend des 27. Februar 1949 auf Raub aus: Doktorchen, Gaebler, Bohla, Wellnitz und der Einbruchspezialist Bomme. Kurz vor Mitternacht nähern sie sich dem Haus in der Schwendener Straße. Über ihren Köpfen brummen im Tiefflug die Rosinenbomber. Bomme frohlockt: „Dufte, bei dem Krach könnten wir die janze Bude abreißen, ohne daß einer es hört.“

Die Schwendener Straße ist in Dunkel gehüllt. Dahlem gehört zu der Bewag-Planungsgruppe, die nur am Sonntag, Dienstag, Donnerstag und Sonnabend von 9 bis 11 Uhr und von 20 bis 22 Uhr Strom für die Haushalte geliefert bekommt. „Halt’ mal!“ Die Gladow-Rotte stutzt. Vor der Nachbarvilla geht jemand langsam auf und ab. Ein Polizist!

„Quatsch, der is uns nicht gefährlich. Bewacht bloß Stumm, seinen Oberboß. Der wohnt nebenan“, beruhigt Gladow flüsternd. „Olle Stumm wird ja staunen, det wa seine Nachbarin besucht haben", grient Bomme.

„Det is ja der Clou, Jungs. Wir woll'n ihm mal zeigen, wat wa von seine Stupos halten", erläutert Doktorchen.

Unbemerkt gelangen sie von der Hinterfront her in die Villa. Im Schlafzimmer stoßen sie auf die einzige Bewohnerin, eine 59jährige Malerin. Ihren Aufschrei erstickt Bomme mit dem Gummiknüppel. Die Frau wird mit Armen und Beinen an das Bett gefesselt und dabei wiederholt mißhandelt.

„Ich hatte das Gefühl, man wollte mich totschlagen", sagt die von den Schlägen Gelähmte später vor Gericht aus. „Denken Sie doch an Ihre Mutter", hatte sie ihre Peiniger angefleht - und die zynische Antwort erhalten: „Wir haben keine mehr."

Die Bande erbeutet Schmuck, Pelzwerk, zwei Ballen englischen Anzugstoff, etwa 3 000 West- und 5 000 Ostmark. Bevor sie sich aus dem Staube machen, stürzt sich Bomme noch einmal auf die Wehrlose. Will ihr mit der Zange einen Ring vom Finger knipsen. In einer Aufwallung von Großmut greift Gladow ein: „Laß' ihr schon das Ding..."

Das ist ein seltener Moment in seiner Verbrecherlaufbahn. Ansonsten hat er Großmut nicht eingeplant, sondern den rücksichtslosen Gebrauch der Schußwaffe.

Der sich als Berlins Gangster Nummer eins gebärdende Achtzehnjährige treibt in diesem Frühjahr 1949 seine Banditen zu immer dreisteren Verbrechen an. Im Zwielicht des Kalten Krieges zwischen Ost und West wechseln sie blitzschnell die Sektoren der geteilten Stadt. Rauben und plündern in Frohnau und

Neukölln, Wedding und Kreuzberg, in Friedrichshain, Mitte und Kaulsdorf. Die Pistolen und Totschläger sind immer dabei.

„Kapiert endlich, daß man mit der Puste draufhält", schnauzt er eines Tages Sohni und Bohla an, als die Kumpane auf der Flucht nach einem Überfall nur Schreckschüsse abgeben. „Nur gezielte Schüsse machen Eindruck. Das könnt ihr in jedem Krimi nachlesen."

An einem Vorfrühlingstag führt er ihnen im Grunewald seine Methode vor. „Mit beiden Händen gleichzeitig feuern - aber gezielt! Das war die Masche von Dillinger und Al Capone. Nur so haut es hin."

Auf einer Lichtung befestigt er die Zielscheibe an einem Baum, tritt ein paar Schritte zurück und reißt ruckartig beide Pistolen aus der Hüfte hoch. Krachend rollt das Echo durch den Westberliner Forst, in dem sich der Nachahmer Al Capones sicher fühlt.

Der 9. April ist ein Sonnabend. Auf der Straße Am Friedrichshain nur spärlicher Verkehr. Ein paar Spaziergänger, Mütter mit Kindern an der Hand, streben dem nahen Märchenbrunnen zu. Es ist 12.10 Uhr, als Gladow sein Fahrrad neben dem Juwelierladen Wockenfuß abstellt. Gleichzeitig beziehen Bohla und Wellnitz an der nächsten Straßenecke Posten, um gegebenenfalls den Rückzug ihres Anführers zu decken.„Ihr seid sonst meine stummen Assistenten, klar?!"

Seelenruhig holt Gladow sich aus einer benachbarten Ruine einen halben Ziegelstein. Ein Wurf, die Scheibe springt in Stücke und der Räuber jagt mit der errafften Beute zu seinem Fahrrad.

Das Klirren alarmiert den Geschäftsführer Bruno Schneider und seinen Angestellten Kurt Albers. Schneider schwingt einen Gummiknüppel und erwischt den Flüchtenden am Ärmel. Ohne zu zögern, schießt Gladow. Der Getroffene taumelt zurück, schleppt sich in den Laden.

Seinem Kollegen gelingt es, den auf das Fahrrad gesprungenen Banditen zu umklammern. Gladow kann ihn nicht abschütteln. Er bemerkt, daß sich Passanten sammeln und einige nach der Polizei rufen. „Ich schieß' dich tot, du Hund", brüllt er und drückt erneut ab.

In Beine und Arme getroffen, rutscht Albers zu Boden. Dabei krallt er sich an den Beinen des Gegners fest. „Ich mußte seine Hände durch Nahschüsse lösen", wird Gladow unbewegten Gesichtes vor Gericht erklären und den zum Krüppel geschossenen Zeugen kalten Blickes mustern.

Gladow ist noch einmal entkommen. Ein verfolgendes Auto hat er durch gezielte Schüsse in die Reifen abgeschüttelt. Ein paar Stunden danach trifft er sich mit seinen Assistenten - wie verabredet - in der Schreinerstraße „bei meiner Ollen". Mit Kaffee und Kuchen wird der gelungene Raubzug gefeiert und die Beute begutachtet - eine goldene Stoppuhr und eine Nickeluhr. Von dem Erlös überläßt Doktorchen Bohla 25, Wellnitz 20 Westmark. Der Gegenwert: ein Menschenleben. Bruno Schneider stirbt einen Tag nach dem Überfall an den Schußverletzungen.

„Jetzt werden wir mal auf die Dörfer gehen", sagt Gladow seinen Raubgesellen. „Die Vopo-Bullen sind mir seit dem ‚Bruch' bei Wockenfuß zu munter jeworden. Hab' da 'nen Tip in Kaulsdorf - jottwede."

Mit Bomme, Gaebler und Rogasch fällt Gladow am Abend des 22. April über das Ausflugslokal Zum Freischütz her. Sie plündern die Gäste - eine Skatrunde - und die Ladenkasse. Die dazwischentretende Wirtin - 60 Jahre, gehbehindert - versucht Gladow mit ihrem Krückstock die Halbmaske vom Gesicht zu zerren. Da schießt er sie in die Schulter. Und wieder kann die Bande entkommen. Doch diesmal nicht ganz spurlos. Der Sohn der Wirtin glaubt einen der Banditen erkannt zu haben: Rogasch.

Nachts kamen die Götze-Brüder

„Die Brutalität und Rücksichtslosigkeit, mit der diese Banditen vorgehen, habe ich in Berlin eigentlich nur einmal erlebt. Bei den Brüdern Götze, lange vor dem Krieg!", grübelt Polizeirat D., als er in der Kripozentrale in der Dircksenstraße in den Berichten und Zeugenaussagen über die jüngsten Verbrechen in Friedrichshain und Kaulsdorf blättert. Gegen die beiden Straßenräuber mußte die gesamte Berliner Polizei mobil gemacht werden.

Es begann an einem Novemberabend im Jahre 1934. Mitten im Grunewald, auf einer Lichtung beim Alten Postweg, bekannt als Liebesnest motorisierter Pärchen. Doch diesmal wurde nichts aus dem Schäferstündchen von zwei jungen Leuten. Plötzlich sprangen die Wagentüren auf. Eine dunkel gekleidete Gestalt, Strumpfmaske über dem Kopf, zielte auf den Fahrer: „Raus mit dem Zaster oder es knallt!" Ein zweiter, ebenso Vermummter hielt dem Mädchen auf dem Vordersitz den Mund zu. Mit Brieftasche und

Wertsachen verschwanden die Maskierten in den Nebelschleiern, die vom nahen Luch aufstiegen.

Walter Götze, 32 Jahre alt, und seinem älteren Bruder Max war der erste Versuch geglückt, mit der Pistole abzukassieren. Bald darauf häuften sich in den Berliner Außenbezirken nächtliche Überfälle auf Autofahrer. Besonders auf den waldreichen Zufahrtswegen aus Sachsen, Mecklenburg und der Mark Brandenburg. Um die Fahrzeuge anzuhalten, sägten die Autofallensteller Chausseebäume an und rissen sie mit Leinen, so daß die Fahrer erst kurz vor dem Aufprall bremsen konnten. Noch gefährlicher war die Falle aus quer über die Straße gespannten Stahlseilen. Den nach Wannsee verkehrenden letzten Nachtbus stoppten sie auf der Havelchaussee mit einer Barrikade aus Feldsteinen. Dann raubten sie dem Schaffner die Kasse. Wahllos plünderten sie Lastwagen- wie Herrenfahrer aus, verschonten auch nicht Ausflugslokale und Waldschänken mit nächtlichen Besuchen. Immer gewalttätig bis zum äußersten.

Kurz vor Ostern 1937 erschoß Walter Götze auf der Straße nach Schmöckwitz einen Polizeibeamten, der ihn zur Kontrolle anhielt. Zweites Mordopfer wurde ein Verkaufsfahrer, der sich zur Wehr setzte. Siebzehn der von den beiden Straßenräubern Überwältigten erlitten schwere gesundheitliche oder körperliche Schäden.

Die Verfolgung der Autofallen-Verbrecher vollzog sich faktisch unter Ausschluß der Öffentlichkeit. Presse und Rundfunk, von Reichspropagandaminister Dr. Goebbels zensiert, durften nur dosiert über Verbrechen im eigenen Land berichten. Zudem stand Berlin im Zeichen der Vorbereitungen auf die Olympischen

Sommerspiele 1936, und dem Ausland durfte keinesfalls die blamable Sensation einer seit vielen Monaten erfolglosen Verbrecherjagd geboten werden.

Die Zahl der Spuren, die verfolgt werden mußten, stieg schließlich auf etwa 3 500. Obwohl die Berliner Kripo und ganze Abteilungen der Schutzpolizei, dazu auch Einheiten des NSKK (NS-Kraftfahrkorps), der SA und SS, an der Fahndung beteiligt waren, blieben alle Bemühungen erfolglos. Und ausgerechnet während der Olympischen Spiele erreichten die Götze-Brüder mit dem fünfzigsten Raubüberfall ihr Jubiläum. Im Januar 1938 registrierte die Polizei den 110. Straßenraub mittels Autofalle.

Nach den im Laufe des Jahres 1937 verübten zwei Morden und gewalttätigen Einbrüchen in die Kassen der S-Bahnhöfe Rahnsdorf, Grunewald und Hirschgarten konnten die Medien nicht länger verschweigen, daß in und um Berlin zwei gefährliche Gewaltverbrecher am Werk waren. In der Presse erschienen Phantomzeichnungen der Gesuchten. Erste Hinweise kamen aus Oberschöneweide, dem Wohnort Walter Götzes. Die dort einsetzenden Untersuchungen veranlaßten den Verbrecher, seine Nächte in Lauben, auf Dachböden und in Wartesälen zu verbringen. Die Verdachtsmomente verstärkten sich, als die Kripo herausfand, daß die Götze-Brüder einen für ihre Verhältnisse als Arbeiter ungewöhnlich großen Aufwand trieben. Die als Nummer 107 registrierte Spur erwies sich als brandheiß. Die Brüder wurden festgenommen und dem Kommissar Kurt Moritz vom Raubdezernat der Berliner Kripo gelang es im März 1938 in dramatischen Verhören Geständnisse zu erreichen.

Am 13. Juni desselben Jahres stand das Verbrecherpaar in Moabit vor dem Schwurgericht. Der Prozeß dauerte zwei Wochen. Er nahm gegen Ende eine dramatische Wende, als ein bei Max Götze gefundener Kassiber enthüllte, daß der Bruder einen gewaltsamen Ausbruch aus dem Gerichtsgebäude plante: „Ich habe seit einiger Zeit zwei Messer geschnappt, habe sie während des Termins bei mir zwischen dem Futter vom Schuh ... Ich dachte, die uns durch die Gerichtsgänge führen, haben Pistolen bei sich. Das wäre für uns gut. Ein bis zwei Stiche - ob die zum Teufel gehen oder nicht - Hauptsache, wir haben Pistolen. Wenn nicht, dann gehen wir zum Teufel. Dann durch einen anderen Gerichtssaal und hinten heraus. Ich weiß da Bescheid ... Was denkst du, wenn das klappt. So was hat die Welt noch nicht gesehen ... Mein Wort wäre: Mit Hurra, ruckzuck die Wendung, und dann raus. Egal, was dazwischen kommt ... Wir waren draußen noch viel zu human ... Mir wäre ja alles gleich. Plötzensee wäre auch ruck-zuck, und dann vorbei ..."

Walter Götze war sich nie darüber im Zweifel, daß der Henker auf ihn wartete. Max hingegen, dem kein Mord nachzuweisen war und der - laut Zeugenaussagen - den jüngeren Bruder vor unbeherrschter Roheit abzuhalten suchte, glaubte mildere Richter zu finden. Hatte er doch sogar selbst den Kassiber ausgeliefert.

Die Brüder Götze wurden am 24. Juni 1938 zum Tode verurteilt und sechs Tage danach in Plötzensee hingerichtet.

Max Götze brach bei der Urteilsverkündung schluchzend zusammen, der Bruder empfing den Spruch unbewegt, blieb abgebrüht und ohne jedes Mitgefühl für die Opfer seiner Verbrechen bis zum Ende ...

Dieser Rogasch, den der Wirtssohn in Kaulsdorf erkannt haben will, könnte aus ähnlichem Holz geschnitzt sein, überlegt der Polizeirat D. in der Dircksenstraße. 1946 wegen schweren Diebstahls zu einem Jahr Haft verurteilt, steht er immer noch unter Verdacht, kaum sechs Wochen nach seiner Freilassung an einem Raubüberfall beteiligt gewesen zu sein. Unter Waffenanwendung und mit Komplizen. Zwar lieferte ihm seine Freundin Katja ein Alibi, aber Polizeirat D. ordnet vorsichtshalber an, den Tatverdächtigen Gerhard Rogasch aus der Lenbachstraße in Friedrichshain zu überwachen.

Blutspur am Kranzler-Eck

Banditenrat in einer Ruine, unweit der Frankfurter Allee. In einiger Entfernung sind alte und junge Frauen damit beschäftigt, Ziegelbrocken und Schutt auf Loren zu schippen, Berlins Trümmerfrauen.

Eine von ihnen, runzliges Gesicht unter schweißnassem Kopftuch, blickt zu der Gruppe junger Männer hinüber, die sich auf den Steinhaufen lümmelt. „Ihr solltet mal lieber mit anpacken, als Maulaffen feilhalten."

„Den Rat brauchst uns nicht zu jeben, Muttchen", bekommt sie zur Antwort. Sie stecken die Köpfe zusammen. Gladow führt wieder das große Wort. „Die Juwelier-Geschichte und Kaulsdorf waren 'ne mittlere Pleite. Zwei Uhren und die paar Märker aus der Kneipenkasse, det bringt nischt. Aber jetzt werden wir mal den Rubel rollen lassen."

Bohla und Wellnitz haben kalte Füße bekommen,

seit die Ermordung Schneiders publik geworden ist. Doktorchen mustert die beiden geringschätzig. Die kann ich bald abschreiben, denkt er. Genau wie Sohni, der schon zu Jahresbeginn die Kurve gekratzt hat.

Lahmarschige Hosenscheißer! Halten sich für echte Gangster, wenn sie auf dicken Kreppsohlen latschen und 'ne dunkle Sonnenbrille auf der Nase haben.

Um seine neuesten Einfälle zu verwirklichen, braucht Gladow Kerle, die nicht lange fackeln. Am besten Rogasch und Gaebler. Mit ihnen trifft er sich im Menschengewimmel am Bahnhof Zoo. Vorsicht ist schon geboten, seit die Vopo im Ostsektor eine Großfahndung nach Schneiders Mörder eingeleitet hat.

„Also, paßt auf. Mit unseren paar Pusten kommen wir auf die Dauer nicht aus. Wir sollten mal der Polizeischule in Oberschöneweide 'ne Visite abstatten. Da sind Maschinenpistolen und sogar MG's zu holen, habe ich mir sagen lassen. Mit Bomme ist schon alles jeritzt. Der bringt Verstärkung mit."

„Is det nich 'n bisken riskant?" Gaebler runzelt die Stirn. „Die Knarren werden doch bestimmt gut bewacht."

„Wenn schon, denn gehen eben paar Bullen hops", sagt Gladow kalt. „Übrigens müssen wir uns 'was für die Olle von Henker-Hannes einfallen lassen. Die läuft mir die Bude ein, seit die Stupo den wegen unserem ‚Bruch' in Neukölln jekascht hat. Will dauernd Geld haben..." - „Die muß umgelegt werden", unterbricht ihn Rogasch und Gaebler ergänzt: „Hannes muß dann auch verschüttgehen. Wenn der hört, det seine Olle über'n Jordan is, singt der. Man könnt' ihm doch een Paket nach Moabit schicken. Mit 'nem Brot, wo een schönet Jift drin is..."

Die drei Banditen blicken sich verständnisinnig an. Dann entscheidet Doktorchen: „Det hat noch Zeit. Auch Oberschöneweide könn' wa in aller Ruhe vorbereiten. Jetzt brauchen wir erst mal Knete. Und die holen wir uns aus der Hauptkasse vonne Gasag in der Schicklerstraße, nich weit vom Alex. Übermorgen steigt das Ding, und dazu brauchen wir einen großen Wagen, mit vier Türen. Nu' haut ab."

„So long, Doktorchen", verabschiedet sich Rogasch vergnügt und steuert mit Gaebler die nächstgelegene Kneipe an. Gladow schlendert zum S-Bahnhof. Nicht ahnend, daß Rogaschs Abschiedsgruß auch ein anderes Ohr gefunden hat.

12 Uhr mittags Unter den Linden. Das alltägliche Bild einer geschäftigen Hauptstraße. Autos und Passanten. Gruppen von Studenten eilen von der Humboldt-Universität zur Mensa. Auf den Gerüsten vor den durch Bomben- und Granatsplittern zernarbten Fassaden der einstigen Via triumphalis des Deutschen Reiches werken Maurer und Zimmerleute. Ecke Charlottenstraße, direkt vor dem Café Kranzler, parkt ein viertüriges Auto. Marke BMW. Der Kraftfahrer Eduard Alte, Angestellter der Deutschen Reichsbahn, liest am Lenkrad die Morgenzeitung. So wie er es tagtäglich an diesem Platz gewohnt ist. Doch dieser 11. Mai 1949 ist kein Tag wie jeder andere.

Plötzlich werden die Wagentüren aufgerissen. Maskiert, die Pistole erhoben, herrscht Gladow den Fahrer an: „Los, aussteigen!" Gleichzeitig zwängen sich Rogasch und Gaebler mit ihren Pistolen in den BMW. Der Fahrer will nach dem Zündschlüssel greifen. Gaebler stößt seine Hand beiseite. „Raus jetzt", schreit Gladow wütend und packt den Mann bei der Schulter. Der sträubt sich und schüttelt den Griff ab. Gladow schießt. Eduard Alte bricht über dem Lenkrad zusammen. Der Bandenchef zerrt den Sterbenden vom Sitz und stößt ihn auf das Straßenpflaster.

„Einige Passanten, die sich in der Nähe befinden, sind vor Schrecken völlig erstarrt“, beschreibt Florian Brand das blutige Drama. „Ein Auto braust vorüber, ohne etwas von der Szene zu bemerken. Hinter den Gardinen des Café Kranzler sitzen Gäste; sie ahnen nicht, was draußen vor sich geht. Wenn sie auch den Knall gehört haben, so haben sie ihn wohl für das Geräusch eines platzenden Reifens gehalten. Einer der Banditen steigt wieder ins Auto, bringt durch das offene Fenster seine Pistole in Anschlag. Der am Steuer sitzende Gaebler versucht zu starten. Es gelingt nicht gleich. Der noch draußen stehende Gladow geht, seine Pistole in der Hand, kaltblütig um den Wagen herum und prüft mit schnellem Blick die Reifen. Endlich springt der Motor an. Gladow steigt in die offengehaltene Tür und knallt diese zu. Das Auto entfernt sich in schnell gesteigertem Tempo. Nun erst laufen einige Passanten zu dem auf der Straße liegenden ... Fahrer.“

Eduard Alte erliegt auf dem Weg ins Krankenhaus inneren Verblutungen. Gladow kommentiert die Rundfunkmeldung über den Tod seines Opfers gefühlskalt: „Jetzt werden die Autofahrer wenigstens spuren, wenn wir kommen.“

Der Zeitzeuge Alex W. erinnerte sich: „Wir haben die Beschreibung des Wagens in die Presse gegeben und sofort über den Rundfunk verbreitet, da haben sie den Überfall auf die Gasag aufgegeben. Den Wagen haben wir bei Müggelheim gefunden, aber mit den Fingerspuren konnten wir nichts anfangen. Die waren wohl in der Kartei, von früheren Tatorten, doch die Namen der Kerle, die an den Fingern hingen, waren uns immer noch unbekannt. Na ja, früher oder später bekommen wir jeden, aber bei solchen Gewaltverbrechen, da zählt jede Stunde. Jede Minute können sie doch einen neuen Mord begehen."

Der Spitzname Doktorchen geht dem Polizeirat D. von der Kripozentrale Dircksenstraße nicht mehr aus dem Sinn. Wiederholt hat sich der observierte Rogasch mit diesem mysteriösen Typen getroffen. Gelegentlich sind auch andere Bekannte aus dem Milieu dabei gewesen. Den vorliegenden Berichten nach ist Doktorchen ein verhältnismäßig junger Kerl, der sich oft in der Gegend um den Bahnhof Zoo herumzutreiben scheint. Immer wieder sind Strolche wie der Raufbold Bomme und der Einbrecher Gaebler in seiner Gesellschaft gesehen worden. Aber auf deren Fingerabdrücke sind die Polizisten nicht gestoßen. Und wenn sie nun mit Handschuhen gearbeitet haben?

Leider steht die Dircksenstraße mit der Kripo in der Friesenstraße auf dem Kriegsfuß. Amtshilfe ist ausgeschlossen, von Zusammenarbeit keine Rede. Wegen einer effektiven Verbrechensbekämpfung über die Sektorengrenzen hinweg machen sich die Politiker hüben wie drüben keinen Kopf, ärgert sich der Polizeirat und schiebt die Mordakte Alte beiseite.

Doch plötzlich überschlagen sich die Ereignisse. Am 2. Juni 1949 bekommt die Dircksenstraße einen Tip aus der kriminellen Szene: Ein Doktorchen habe es früher unter den Kippern am Alex gegeben. Er heißt mit Vornamen Werner, soll im Ostsektor, in der Schreinerstraße wohnen.

Der Fahndungsapparat läuft sofort auf Hochtouren. Binnen kurzem erfährt Polizeirat D.: In der Schreinerstraße gibt es sechs männliche Personen dieses Vornamens. Fünf davon im Alter zwischen 26 und 45 Jahren, der sechste ein achtzehnjähriger Schüler. „Die fünf zur Vernehmung vorführen. Über den Jungen beim zuständigen Revier Erkundigungen einziehen", ordnet D. an.

Noch am Abend hat er es schwarz auf weiß: Von den Vernommenen kommt keiner als der Gesuchte in Frage. Und der Schüler aus der Nummer 52? Er gilt in seinem Dreh als allgemein beliebt. Die Familie Gladow hat einen leidlich guten Ruf. Die Mutter soll einen religiösen Tick haben. Doch dann: Sohn Werner ist kein unbeschriebenes Blatt. Ist vorbestraft wegen Betrug und Widerstand gegen die Staatsgewalt in Sachen Schwarzmarkt.

„Den holen wir uns morgen mal her. Vorläufige Festnahme wegen dringenden Tatverdachts", entscheidet der Fahndungsbeamte. „Und sofortige Festnahme von Rogasch, Gaebler und Redzinski!"

Die Gladow-Bande sitzt in der Falle. Am nächsten Tag hält die Schießerei in der Schreinerstraße Berlin in Atem.

Die schäbigste Verbrecherbande

Bomme lacht sich ins Fäustchen. Er liegt in einem weißbezogenen Bett des Bergarbeiter-Krankenhauses im sächsischen Oberschlema. Hier sucht ihn keiner. Aus der Zeitung hat er erfahren, was sich am 3. Juni in der Schreinerstraße abspielte. Daß Doktorchen mit

33 Leuten aus der Clique Knast schiebt. Darunter allerdings auch Bommes Freundin Ursula, die war eine ausgebuffte Tipgeberin und neben Lucie Gladow das prominenteste weibliche Mitglied der Bande.

Aber Uschi ist clever, die hält dicht, wird mich nicht auf die Rolle schieben, denkt Bomme. Morgen, am 17. Juni, wird er sogar noch einen Erholungsurlaub antreten, bevor die Maloche unter Tage im Uranbergbau für ihn losgeht.

Nach dem Tod des Kraftfahrers Alte war dem Wehrmachts-Stabsgefreiten a.D. in Berlin der Boden zu heiß geworden. Redzinski hatte einen Riecher für brenzliche Situationen. Da war er einfach abgehauen. Der Bergbau in der Zone brauchte immer Leute. Bei der Einstellungsuntersuchung hatte man ihn wegen Diphterieverdacht und akutem Tripper ins Krankenhaus geschickt. Und nun können ihm alle mal...

Doch es gibt ein böses Erwachen für Redzinski-Bomme. Bei der Schlußuntersuchung entdeckt der Arzt auf dem Unterarm seines Patienten eine Tätowierung - Dolch und Frauenkopf. Der auch in Oberschlema plakatierte Steckbrief aus Berlin fällt ihm ein - und Bomme kommt nicht ins luftige Urlauberheim im Erzgebirge, sondern in eine enge Berliner Haftzelle. Als Nummer 35 in Sachen Gladow-Bande.

„Bei den Vernehmungen wurde uns klar, warum wir so erstaunlich lange auf keinen konkreten Anhaltspunkt gestoßen waren", entsinnt sich Alex W. in dem Prokop-Report. „Gladow hatte jedem angedroht, er werde ihn und seine Angehörigen unbarmherzig über den Haufen schießen, wenn er ‚singen' würde, und die Brüder hatten ja selbst gesehen, wie brutal er mit der Pistole umging. Trotz seiner Jugend war er der absolute Chef, dank seiner überlegenen Intelligenz - und seiner bedenkenlosen Brutalität. Aber dann haben sie doch alle ausgepackt, und am sechzehnten Juni - das vergesse ich nicht - hat Gladow ein umfassendes Geständnis abgelegt: ‚Ich wollte ein Berliner Al Capone werden', sagte er."

Der Prozeß gegen den „Schrecken von Berlin" (Zeitungs-Schlagzeile) beginnt am 21. März 1950 vor dem Schwurgericht in Ostberlin. Wegen des überaus starken Andrangs in- und ausländischer Beobachter wird nicht im Justizgebäude Neue Friedrichstraße, sondern im größeren Saal der Reichsbahndirektion Berlin in der Elsässer Straße (später Wilhelm-Pieck-Straße) verhandelt.

Mit Gladow sitzen zehn seiner engsten Mittäter auf der Anklagebank. Und Lucie Gladow. Es fehlt Henker-Hannes, der inzwischen in Westberlin vor dem Richter steht. Seine Auslieferung zum Zweck der Strafverfolgung in Sachen Gladow-Bande hat die dortige Justiz abgelehnt.

„Das Auslieferungsverbot der westsektoralen Behörden, die diesen Verbrecher in Gewahrsam haben, ist Ausdruck einer verblendeten Spaltungspolitik, die selbst Verbrecher der gerechten Verurteilung vorenthält", wettert die Ostberliner Presse.

Henker-Hannes, der den Bruch in Neukölln gemeinsam mit Bomme, Bohla und Gladow verübt hatte, nutzt geschickt den Vorteil aus, separat abgeurteilt zu werden. Er entstellt und bagatellisiert seine Beteiligung in einer Weise, daß sich dem Vorsitzenden der 5. Großen Strafkammer in Moabit der Stoßseufzer entringt: „Leider ist die Justiz gespalten - manchmal zum Vorteil der Verbrecher!" Doch um sieben Jahre Zuchthaus wegen „Anstiftung zum schweren Raub“ kommt der Tipgeber und Hehler „Doktorchens“ und seiner Bande nicht herum.

Von den 127 schweren und schwersten Verbrechen der Gladow-Clique stehen jene zwanzig zur Verhandlung, bei denen gemordet, verletzt, gefoltert und geschossen wurde. „Wegen der übrigen Straftaten, an denen auch eine Vielzahl weiterer Beschuldigter (insgesamt 78, d. A.) beteiligt sind, ist das Verfahren abgetrennt worden ... Jedoch ist die Erhebung der öffentlichen Klage wegen weiterer Straftaten von Gladow, Gaebler, Rogasch, Bohla und Papke ... abgesehen worden, weil die Strafen, die sie deswegen zu erwarten hätten, neben den Strafen in vorliegender Sache nicht ins Gewicht fallen würden“, lautet die Begründung in der Anklageschrift.

Ein Raunen geht durch die dichtgedrängte Zuhörerschaft, als Werner Gladow mit seinen Mordgesellen zur Anklagebank geführt wird. Dieser Milchbart mit dem offenen Hemdkragen soll der Anführer einer Mordbande sein, die über Wochen und Monate ganz Berlin in Atem hielt? Doch die Zweifler werden schnell eines Besseren belehrt.

Den Auftakt des „größten Nachkriegsprozesses gegen die schäbigste und brutalste Verbrecherbande Berlins“ schildert der Gerichtsreporter der Berliner Zeitung am 22. März 1950 so: „Noch zeigt das offene Jungengesicht des Hauptverbrechers jene gelassene Selbstgefälligkeit, die ihn während seiner monatelangen Haft und den langen Verhören niemals verließ; noch geht er über die Erwähnung des einen oder anderen seiner Todesopfer mit einem Achselzucken oder einem bedauernden ‚Ja, das ist leider schrecklich‘ hin-

Werner Gladow (Mitte) mit Bandenmitgliedern 1950 vor Gericht. Links von ihm: Bohla und Gaebler, rechts Wellnitz und Papke

weg. An seinen Richtern wird es liegen, dem 18jährigen Schüler Werner Gladow klarzumachen, daß der schreckliche Weg, den er ging, nicht nur in der Strafe, sondern vor allem in seiner Reue Sühne finden muß. Doch der Weg ist lang und der Verhandlungstage sind noch viele bis zum Urteilsspruch. Gladows engste Komplizen waren Vorbestrafte und Gesetzesverächter, Unterweltsgestalten der Nachkriegszeit, die erst die führende Hand Gladows aus ihrer mittelmäßigen Verbrecherlaufbahn riß: Papke, der Gladow als ‚Boxer' imponierte, Gaebler, der eine ‚angenehme Erscheinung' und Rogasch, der ein ‚kühner Autofahrer' war. Mit ihrer Hilfe gründete er den größten Räuberverein Berlins ... ‚Ich beschloß, die amerikanischen Gangsterführer zu übertrumpfen‘, sagt er am ersten Verhandlungstag, spricht von ‚Mannesmut und Disziplin‘ und erklärt sein ‚unübertreffliches System‘.“

Doch nach der ersten Verhandlungswoche ist es mit dem zynisch-frechen oder gewollt-naiven Auftreten vorbei. Die schonungslose Offenlegung der grausamen Einzelheiten der Verbrechen zeigt ihre Wirkung. Der Reporter zieht eine Zwischenbilanz: „Jeder sucht die eigene Haut zu retten. Wellnitz markiert den weinerlichen Jämmerling, der immer bloß ‚fassungslos und mitleidig‘ war. Bohla, der ‚Eingeschüchterte‘, fühlte sich ‚erpreßt‘, wagte nicht gegen Gladow, den ‚kleinen Hitler‘, aufzumucken. Redzinski, der ‚dämliche Draufgänger‘, will ‚ständig benommen und fassungslos erstaunt‘ von der eigenen Brutalität gewesen sein.“

Strolche in Rede und von Angesicht, suchen sie sich einer hinter dem anderen zu verbergen, die eigene Schuld zu verkleinern oder einfach zu leugnen: „Alle spielen ihr klägliches Schmierentheater; allen voran der ‚Chef‘, der durch Mundwinkelzucken und schnoddrige Redensarten Verachtung und Überheblichkeit demonstriert. Und der doch kaum noch sein Erschrecken verbergen kann, wenn der Staatsanwalt allzu nüchtern Fragen stellt, deren Beantwortung schonungslos seine Gemeinheit und Brutalität offenbart. Immer häufiger geschieht es, daß die, welche er abhängig glaubt, alle Schuld auf ihn abzuwälzen versuchen. Nichts ist mehr vom ‚rühmlichen Bandengeist‘ zu spüren. Gladows Überheblichkeit gilt nichts auf einer Anklagebank, die Anführer und Gehilfen durch Eisenketten unangenehm verbindet.“

Eine der ergreifendsten Szenen im Gerichtssaal: Unmittelbar vor der Verhandlung über den Mord an Eduard Alte springt im Zuhörerraum eine blasse junge Frau auf. In die eintretende Stille ruft sie: „Das ist der Mann, der deinen Vater getötet hat!“ Mit schreckgeweiteten Augen blickt der zehnjährige Junge zur Anklagebank. Und Gladow senkt den Kopf. „Als ich den Sohn von Frau Alte vor mir sah, erkannte ich plötzlich, was aus mir geworden ist“, beginnt er danach seine Aussage zu seinem letzten und gemeinsten Verbrechen. Doch nicht Reue, das schlechte Gewissen spricht aus seinen Worten.

Der Gerichtspsychiater nennt ihn einen „Amokläufer von Schwerverbrechen zu Schwerverbrechen“, ohne „soziale Reife“ und getrieben von „ungezügelter Hemmungslosigkeit“. Gladows Pflichtverteidiger Dr. Nicolai versucht dagegen das Bild eines Entwurzelten zu beschwören; hervorgegangen aus „jener zwar äußerlich harten, doch innerlich unausgereiften Nachkriegsjugend, der, betrogen um Kindheit und Fürsorge, der Weg zum Verbrechen allzu leicht gemacht wurde“.

Bei seiner polizeilichen Vernehmung äußerte Gladow einmal: „Ich bin ein Kind der Nachkriegszeit und des Schwarzen Marktes.“ Rückblickend urteilte der Kriminalist Alex W.: „Er sagte es mit selbstgefälligem Lächeln und einer Art von falschem Stolz, aber darin ist sehr viel bittere Wahrheit ... Er ist doch nicht als Verbrecher geboren worden. Ich will ihn nicht verteidigen, er war ein Bandit, aber er ist nicht in einer normalen Zeit aufgewachsen...“

Diese Feststellung zieht sich wie ein roter Faden durch den Prozeß. Zugespitzt auf die Formen des

Kalten Krieges, der auch vor den Schranken der Justiz nicht haltmacht. Verhandlungsverlauf und Berichterstattung lassen erkennen, daß die östliche Propaganda bemüht ist, der Bande einen westlichen, das heißt kapitalistischen Einfluß nachzuweisen. Der „American way of life“ sitze mit auf der Anklagebank. „Nicht die Kriminalromane allein sind es, die jungen Menschen wie Werner Gladow Anreiz geben, es großen Verbrechern gleichzutun. Weit schlimmer ist es, daß Westberliner und westdeutsche Zeitungen sich in Mord, Blut und Kriminalgeschichten zu überbieten suchen, um ihren Lesern ‚prickelnden‘ Lesestoff zu bieten“, argumentiert die Berliner Zeitung im Vorfeld des Prozesses. Als Beweis führt das Blatt eine Artikelserie in der Welt am Sonntag über die Verbrechen des 84fachen Massenmörders Lüdke an. Schlußfolgerung: „Das bringt die Amerikanisierung mit sich. Jeder, der Amerika kennt, weiß, daß derartige Lektüre zum Frühstück eines echten Gangsters gehört.“

Die Tägliche Rundschau, Sprachrohr der Sowjetischen Besatzungsmacht, hatte bereits am 9. Januar 1950 über die Auswirkungen verbreitet:

„In den wenigen Tagen nach Jahresbeginn haben sich Tag für Tag in Westberlin Verbrechen aller Art ereignet ... Ganze Verbrecherbanden terrorisieren einzelne Stadtviertel und gehen dazu über in organisierten Groß- racketts (in USA Zusammenschluß von Gangstern, d. A.) nach amerikanischer Art ihre Raubzüge durchzuführen.“ In der Auflistung fehlen nicht Kinderbanden aus Acht- bis Fünfzehnjährigen, die in Spandau, Halensee und Wilmersdorf bei Raub und Einbruch ertappt wurden. Die Stumm-Polizei ergreift wegen des Überhandnehmens von Geldschrankeinbrüchen, Diebstählen und Raubüberfällen Sondermaßnahmen.

Gegen Ende des Verfahrens zieht die Berliner Zeitung das Resümee: „ ‚Es ging uns hauptsächlich um Taten‘ - dieser Gladow-Ausspruch umreißt das ganze blutige Räuberspiel jener Jungen, denen breitkrempiger Hut, Browning und amerikanische Verbrecher-‚Romantik‘ zu Kopfe stieg. Die Tränen und Verzweiflung in eine Stadt trugen, weil ihnen knallige Gangster-‚Erfolge‘ auf silberner Platte serviert wurden und sie nicht begreifen wollten, daß aus Berlin niemals Chikago wird.“

Keinen Schlußstrich ziehen

Drei Wochen dauert der Prozeß im Saal der Reichsbahndirektion. 71 Zeugen konfrontieren die in die Enge getriebenen Banditen auf der Anklagebank mit der Scheußlichkeit ihrer Verbrechen. Verbrechen, die laut Anklage „aus Habgier und sonst aus niedrigen Beweggründen sowie heimtückisch“ verübt wurden. Dann nimmt Staatsanwalt Dr. Stelter das Wort. Auch er geißelt in seinem Plädoyer „jene Nachkriegskonjunktur in Gangster-Herrlichkeit in Presse und Film“, die „Laschheit und Bedenkenlosigkeit allen demoralisierenden Einflüssen gegenüber, der es zum großen Teil zu danken ist, daß nach dem Ende aller Schrecken bereits wieder Waffen des Friedens als Waffen des Terrors mißbraucht“ werden. Er fordert Anwendung des „allgemeinen Strafrechts, das vom Gesetz bei jugendlichen Schwerverbrechern mit der nötigen geistigen Reife zulässig ist“.

Gladows Verteidiger widerspricht dieser Auffassung. Er macht geltend, daß der Paragraph des Jugendstrafgesetzes, dessen Anwendung der Anklagevertreter verlangt, aus der Nazi-Ära stammt. Er zitiert daraus: „War ein Jugendlicher zur Zeit der Tat sittlich und geistig so entwickelt, daß er einem über 18 Jahre alten Täter gleichgestellt werden kann, so wendet der Richter das allgemeine Strafmaß an, wenn das gesunde Volksempfinden es wegen der besonders verwerflichen Gesinnung des Täters und wegen der Schwere der Tat fordert.“ Ist dieser Paragraph etwa nicht gegen junge Antifaschisten benutzt, ist nicht mit dem Begriff des gesunden Volksempfindens verbrecherischer Mißbrauch getrieben worden, gibt Dr. Nicolai zu bedenken.

Am 10. April 1950 liegt atemlose Spannung über dem Gerichtssaal. Der Vorsitzende des Schwurgerichtes, Landgerichtsdirektor Dr. Krüger, gibt das Urteil bekannt: Todesstrafe für Gladow wegen zweifachen Mordes und fortgesetzten unbefugten Waffengebrauchs, und für Rogasch und Gaebler wegen Beihilfe zum Mord und mehrfachen Mordversuchs. Lebenslänglich Zuchthaus für Bomme Redzinski. Sohni Papke, Bohla und Wellnitz wandern für jeweils 15 Jahre hinter Zuchthausmauern. Drei Handlanger der Bande kommen mit je 5 Jahren davon. Lucie Gladow wird aus Mangel an Beweisen freigesprochen.

In der Urteilsbegründung wird festgestellt: Der Kriegszustand, von dem sich die schwer angeschlagene Stadt eben erst zu erholen begann, sei durch Straßenräuber und Schwerverbrecher aufs Neue entfacht. Der von der Verteidigung beanstandete Paragraph müsse vom Gericht bei Gladow und Papke bejaht werden, weil ihre Vergangenheit sowie die Schwere und Häufigkeit ihrer Straftaten es rechtfertigen. Dr. Krüger betont: „Es wäre nicht zu verantworten und zu verstehen, wenn in diesem Falle das Strafmaß für Jugendliche zur Anwendung kommen würde. Das vorzubringen, wird vom Schwurgericht nicht gescheut. Wenn man den Angeklagten in der Hauptverhandlung beobachtet hat, kann man nur auf dem Standpunkt stehen, daß ein ausgereifter Mensch vor dem Richter stand."

Dann wendet sich der Gerichtsvorsitzende an die einzige Frau auf der Anklagebank, die mit gesenktem Kopf, die Hände vor das Gesicht gepreßt, zuhört: „Obgleich Lucie Gladow aus Mangel an Beweisen freigesprochen werden mußte, wird diese Frau die schwere Schuld, die sie auf sich geladen hat, indem sie ihren Sohn moralisch verkommen und zum Schwerverbrecher werden ließ, ihr ganzes Leben lang tragen müssen."

An die Öffentlichkeit, an Erzieher und Behörden, richtete der Gerichtspräsident die Mahnung, unter die Abrechnung mit dem jugendlichen Bandenführer und seiner Morde keinen Schlußstrich zu ziehen: „Der Gladow-Prozeß soll nicht nur Sühne für schwerste Straftaten sein, sondern Möglichkeiten schaffen, auf Jugendliche einzuwirken, und Anlaß geben, daß ein solcher Prozeß in der Zukunft unmöglich wird."

Am 9. Dezember 1950 traten Werner Gladow, Gerhard Rogasch und Kurt Gaebler im Gefängnis von Frankfurt/Oder den Weg zum Fallbeil an. Das Ende des „Al Capone" von Berlin, der er nie wurde. Er hinterließ keine Legende. Diese Erfahrung mußte Bomme machen:

Nach Verbüßung von achtzehn Jahren seiner Strafe aus dem Zuchthaus entlassen, wird der brutale Raufbold bald wieder rückfällig und wandert Anfang der siebziger Jahre erneut hinter Gitter. Auf dem Transport dorthin brüstet er sich damit „einer von Gladows Mannen“ gewesen zu sein: „Lebenslänglich hatten'se mir deswejen uffjebrummt“!

Die meist jugendlichen Mithäftlinge hören es mit Respekt. Ein Lebenslänglicher steht in der Knast-Hierarchie hoch im Kurs. Doch mit Doktorchens Namen kann die Runde nichts anfangen. Bedauerndes, auch verlegenes Kopfschütteln.

„Gladow? Nie von dem gehört.“

Die Mörderin im Schwestern-gewand

Am 5. Dezember 1949 wird der Ostberliner Kripo ein grausiger Fund in der Nähe des Scheunenviertel gemeldet: Zwei Unterschenkel, ein Oberschenkel und der linke Arm eines Mannes. Entdeckt in einer Ruine in der Borsigstraße, nicht weit vom Nordbahnhof im Sowjetischen Sektor.

Vier Tage darauf eine weitere schaurige Entdeckung. Diesmal im Britischen Sektor. In einer Ruine in der Charlottenburger Schillerstraße liegt ein kopfloser männlicher Rumpf. Und am 14. Dezember - wieder im Sowjetsektor - stößt die Polizei in der Ruine Chausseestraße 109 auf den Kopf, rechten Oberschenkel und Arm eines Mannes.

Die gerichtsmedizinische Untersuchung beseitigt jeden Zweifel: Es handelt sich um die Leiche ein und desselben Mannes. Die Schnitte bei der offensichtlich fachkundig vorgenommenen Zerstückelung stimmen in allen Fällen überein. Der Tod muß vorher durch Erdrosseln oder Erwürgen eingetreten sein.

Die ersten Ermittlungen gelten der Identität des Ermordeten. In seinem Buch „Meister der Kriminalistik“ läßt der Autor Wolfgang Heinrich einen der Fahnder, Kommissar Menzel von der Westberliner Mordkommission M 1/3, zu Worte kommen: „Am 7. Dezember melden sich bei der Polizei zwei Geschwister, um ihren Bruder, den Händler Hermann Seidelmann, als vermißt zu melden. Der Bruder ist aus Plauen aus Sachsen, wo er wohnt, am 17. November nach Berlin gekommen, um am nächsten Tage an der Beerdigung seiner Mutter teilzunehmen. Er kommt hin und wieder nach Berlin, um Einkäufe für seinen Handel in Sachsen zu machen, und er steigt stets bei seinen Geschwistern ab, die im Bezirk Tiergarten (Britischer Sektor, d. A.) wohnen. Am 3. Dezember hat er die Wohnung verlassen, um am Bahnhof Zoo Einkäufe zu machen. Von diesem Weg ist er nicht mehr zurückgekommen."

Im Leichenschauhaus identifizieren die Geschwister den verstümmelt aufgefundenen Leichnam Hermann Seidelmanns. Letzte Gewißheit gibt ihnen ein Pflaster unter der rechten Fußsohle. Er hat damit ein Hühnerauge behandelt. Das Rätsel um die Herkunft des Mordopfers ist gelöst. Doch wohin führte sein letzter Weg?

Die Ermittlungen konzentrieren sich zunächst auf den Bahnhof Zoo und dessen Umfeld. Der übel beleumdete Tummelplatz von Unterweltlern und Schwarzmarktschiebern ist schon so manchem Ahnungslosen aus der Provinz zum Verhängnis geworden. Und die Gefahr ist besonders groß, wenn jemand - wie vermutlich Seidelmann - reichlich Bargeld bei sich hat. Doch die Spur des Kaufmanns aus dem Vogtland reißt am Bahnhof Zoo ab.

Da erschreckt ein zweites bestialisches Verbrechen die Öffentlichkeit: Am 5. Januar 1950 veröffentlicht die Presse eine Mitteilung der Ostberliner Volkspolizei: „In den gestrigen Mittagsstunden haben spielende Kinder in der Hausruine Memhardstraße/Ecke

Prenzlauer Allee die Leichenteile einer etwa 35jährigen Frau gefunden. Gliedmaßen und Kopf waren vom Rumpf getrennt, der Torso der Toten war mit Unterwäsche umhüllt. Die sofort herbeigerufene Mordkommission stellte fest, daß es sich um ein Kapitalverbrechen handelt. Die Leichenteile müssen erst nach der Tat in die Ruine geschafft worden sein. Nach Lage der Sache ist die grauenvolle Tat bereits vor 6 bis 8 Tagen verübt worden. Die Tote war etwa 1,60 - 1,65 m groß, von kräftiger Figur, hatte braune Augen, rotbraun gefärbtes Haar und im Oberkiefer links eine Goldkrone ... Für die Polizei ist es wichtig zu erfahren, wo eine Frau der beschriebenen Art vermißt wird."

Die gerichtsärztliche Untersuchung ergibt eine Parallele zum Fall Seidelmann. Kriminalkommissar Menzel: „Das scheint aber die These eines Raubmordes zu erschüttern und spricht mehr für die Tat eines Geisteskranken, vielleicht eines Arztes, Krankenwärters oder eines Fleischers."

Eine Anfrage bei der Vermißtenzentrale bringt die Fahnder einen Schritt weiter. Am 29. Dezember ist eine Dorothea Merten, auch Doris genannt, als abgängig gemeldet worden. Von ihrem Ehemann (der die Anzeige erstattete) hatte sich die Vermißte am Abend des 26. Dezember gegen 21 Uhr mit der Bemerkung verabschiedet, sie wolle noch zu einer Krankenschwester nach Charlottenburg fahren und von dort aus ihre Schwester besuchen. Bei dieser ist sie niemals eingetroffen. Schnell kann festgestellt werden: bei der Verstümmelten in der Memhardstraße handelt es sich um Frau Merten.

Besteht irgendein Zusammenhang mit dem Schicksal Seidelmanns, kannten sich die beiden vielleicht, fragen sich die Mordfall-Spezialisten in Ost und West. Minutiös werden die letzten Lebenstage auch des zweiten Mordopfers zurückverfolgt. Es kommt dabei heraus, daß die Angestellte in einem Büromaschinengeschäft in der Potsdamer Straße am 26. Dezember den Auftrag hatte, eine als Weihnachtsgeschenk gekaufte Schreibmaschine abzuliefern. In der Wohnung einer Kundin, der Krankenschwester Elisabeth Kusian in der Charlottenburger Kantstraße. Menzel: „Eine Krankenschwester und Doppelmörderin erscheint ... zunächst als unvorstellbar. Aber Krankenschwester und kunstgerechte Zerstückelung eines Körpers, das könnte gut übereinstimmen..."

Das Grauen in der Kantstraße

Westberliner Leiche im Sowjetsektor - Tatverdächtige im Britischen Sektor! Das führt ausnahmsweise zur Zusammenarbeit der Polizeiapparate. Allerdings nur auf unterer Ebene, das heißt bei jenen Kriminalisten, die tagtäglich bei der Bekämpfung von Verbrechen Gesundheit und Leben riskieren.

Elisabeth Kusian, die letzte Kundin der Frau Merten, wird umgehend von den Fahndern in Ost und West vernommen. Kommissar Menzel: „Sicher und ohne Zögern beantwortet sie alle an sie gerichteten Fragen. Frau Merten sei bei ihr gewesen, aber sie habe sie danach noch zum Bahnhof Zoo begleitet, von wo aus Frau Merten zu ihrer Schwester fahren wollte. Frau Merten zweifelte daran, ob sie auch am Alexanderplatz Anschluß bekommen würde. Mit diesen Angaben zerstreut sie zunächst den entstandenen Argwohn."

Am 6. Januar 1950 folgt Elisabeth Kusian einer Vorladung ins Ostberliner Polizeipräsidium Neue Königstraße. Dort ist am Vortag das Rätsel um den Leichenfund in der Memhardstraße gelöst worden: Die im Ostsektor lebenden Verwandten der Frau Merten hatten ebenfalls eine Vermißtenanzeige aufgegeben und nun das Mordopfer identifiziert. „Die Ostpolizei hatte dieses Ermittlungsergebnis der Westpolizei nicht mitgeteilt", heißt es in der Gerichtsakte des Falles Kusian. „Es bestand also zwischen den 'beiden Berliner Polizeien' ein Wetteifern, wobei die Ostpolizei den besten Trumpf in der Hand hatte."

So verwickelt sich die wortgewandte Krankenschwester bei ihrer Vernehmung durch die Ostberliner Kripo derart in Widersprüche gegenüber der vorangegangenen Aussage, daß sie festgenommen wird. Unter Tatverdacht. Noch am selben Tag durchsuchen Beamte der Ost-Kripo mit Unterstützung von Westberliner Kollegen das möblierte Zimmer der Kusian in der Charlottenburger Kantstraße. Dort fällt ihnen eine Herrenkrawatte auf, die zu einem wichtigen Indiz werden soll.

Den Verlauf der Haussuchung schildert Menzel so:

„Der Erkennungsdienst führt Proben auf Blut durch. Menschenblut an zwei Wolldecken und in einem Rucksack wird festgestellt. Menschenblut in den schlecht gereinigten Ritzen des Fußbodens. Der quergestreifte Schlips gehörte einst Seidelmann, Kleidungsstücke der Frau Merten. Kein Zweifel besteht mehr, daß die Kusian mit den zwei Morden in Verbindung zu bringen ist ...

Die weiteren Ermittlungen ergeben, daß Elisabeth

Die Mörderin Elisabeth Kusian in ihrer Tracht als Krankenschwester

Kusian von den Sachen Seidelmanns: Hut, Jacke, Weste, Hose, Mantel, Pullover, Halbschuhe; von den Sachen der Frau Merten: Pelzmantel, Kleid, Schal, Schuhe, Hut, Handtasche, Regenschirm und Ring verkauft hat, oder daß sie in ihrem Auftrage von Bekannten verkauft worden sind. All diese Sachen kann die Polizei wieder herbeischaffen. Sie werden von den Angehörigen der beiden Opfer wiedererkannt.

Als Überführungsstücke werden von der Kriminalpolizei sichergestellt: Rucksack, Koffer und Wolldekken, die zum Abtransport der Leichenteile dienten, und ein Küchenmesser, an dem Spuren von Menschenblut festgestellt worden sind, dazu ein Gummihandschuh, an dem Menschenhaare kleben."

Unter der erdrückenden Beweislast gesteht Elisabeth Kusian nach viertägigem Kreuzverhör durch die Ostberliner Mordkommission, am 3. Dezember Hermann Seidelmann, am 26. Dezember Doris Merten getötet und die Leichen zerstückelt zu haben. Ein Geständnis, dem selbst erfahrene Mordfahnder fassungslos gegenüberstehen.

Motiv und Ablauf der Verbrechen enthüllen sich den Kriminalisten erst im Laufe noch vieler Verhöre. Die zur Tatzeit sechsunddreißigjährige Elisabeth Kusian blickt auf ein bemerkenswert verwickeltes Vorleben zurück. Geboren und aufgewachsen in Thüringen, arbeitet sie nach Abschluß der Volksschule ein paar Jahre als Hausangestellte. Kaum zwanzig Jahre alt, lernt sie in Berlin den Krankenpfleger Walter Kusian kennen. Der ist Nazi, dazu ein sogenannter Alter Kämpfer mit Goldenem Parteiabzeichen. Um ebenbürtig zu erscheinen, lügt sie ihm vor, ihr im ersten Weltkrieg gefallener Vater wäre Oberstleutnant gewesen, wird selbst Mitglied der Nazi-Partei. Sie heiraten 1936, bekommen drei Kinder.

Nach Ausbruch des zweiten Weltkrieges wird Walter Kusian Soldat. Seine leichtsinnige Frau nimmt indessen jede Gelegenheit wahr, ihr Leben zu genießen und plündert das Sparkonto des abwesenden Gatten bis auf den letzten Pfennig. Mitte 1944 nimmt sie eine Stellung als Kinderpflegerin in einem Heim in Hermsdorf an, meldet sich bei Beginn der Kämpfe um Berlin zum Sanitätsdienst und wird kurz vor Kriegsende am Bein verwundet. Bald danach kehrt Walter Kusian aus Kriegsgefangenschaft heim. Nach schweren Zerwürfnissen wird die Ehe 1947 geschieden, die drei Kinder werden in einem Heim in Teltow untergebracht.

Bereits ein Jahr zuvor hatte permanente Geldknappheit Elisabeth Kusian gezwungen, sich nach einem Broterwerb umzusehen. Vorangegangene Bemühungen, vom Schwarzmarkthandel zu profitieren, waren gescheitert. Seit ihrer Verwundung abhängig von Morphium, möchte sie am liebsten in einem Krankenhaus arbeiten, als Krankenschwester. Doch die braune Vergangenheit ihres Mannes könnte das verhindern. So erfindet sie neue Lügen: Ihr Ehemann sei als Chirurg an der Ostfront vermißt und der Schwiegervater habe eine eigene Klinik in Gera geleitet. Walter Kusian sei ihr Schwager, sie selbst Medizinstudentin. Auf diese Weise gelingt es der Schwindlerin, im April 1946 im Rudolf-Virchow-Krankenhaus als Lehrschwester anzukommen und im folgenden September an die Gynäkologie des Robert-Koch-Krankenhauses versetzt zu werden.

An den lockeren Lebenswandel in den Kriegsjahren anknüpfend, sucht Elisabeth Kusian Abwechslung und Anerkennung in Männerbekanntschaften, verstrickt sich in Schulden, versucht dennoch ihre Liebhaber durch Geschenke an sich zu binden.

Zum Verhängnis wird ihr die Begegnung mit dem Westberliner Kriminalsekretär Kurt Muschan. Den verheirateten Vater dreier Kinder nennt sie ihre große Liebe; überhäuft ihn mit leidenschaftlichen Zärtlichkeiten und kostspieligen Präsenten. Weihnachten 1949 soll er mit einer Reiseschreibmaschine überrascht werden. Doch woher das Geld dazu nehmen? In Elisabeth Kusians Portemonnaie herrscht wieder einmal Ebbe. Und zu allem Übel ist ihr vom Krankenhaus zum 31. Dezember gekündigt worden - wegen „notorischer Lügnerei". Ihre wahre Vergangenheit hat die „Witwe und Medizinstudentin" eingeholt.

Grübelnd sitzt die ertappte Hochstaplerin am Tisch ihres möblierten Zimmers in der Kantstraße 154a, spielt in düstere Gedanken versunken mit einem Brieföffner. Einem Skalpell, Andenken an die erste Operation, bei der sie assistieren durfte.

Das im Lampenlicht blinkende scharfe Messer zieht ihren Blick immer wieder an. Soll sie es auf dem Schwarzen Markt verkaufen? Aber wer braucht schon ein Skalpell? Mit einem solchen Instrument muß man umgehen können. Fachmännisch wie ich, denkt sie. Und dieser Gedanke läßt Elisabeth Kusian nicht mehr los. Er steigert sich bis zu einem Entschluß, der zwei Menschen das Leben kosten wird.

Ein todbringender Tauschhandel

Am Vormittag des 3. Dezember 1949 mischt sich Elisabeth Kusian unter die Penner, Geldwechsler und andere fragwürdige Gestalten, die in den Hallen, Gängen und Nischen des Bahnhofs Zoo herumlungern.

Die Szene hat sich auch nach der Währungsreform vom Frühsommer 1948 kaum verändert. Noch immer stehen Zigaretten, Kaffee und Schokolade hoch im Kurs. Die neue Variante des Schwarzmarktes ist die Schwarze Börse, der illegale Tauschhandel DM Ost gegen DM West und umgekehrt. Angebot und Nachfrage bestimmen das Verhältnis zweier deutscher Währungen. Der Kurs der Westmark zur Ostmark pendelt zwischen 1 zu 4 bis 1 zu 6. Der Bahnhof Zoo ist als Börsenplatz ein Dorado für Schieber und Betrüger.

Doch Elisabeth Kusian hat anderes im Sinn als einen alltäglichen Geldtausch. Im Visier hat sie längst einen gutgekleideten Mann mittleren Alters. Aussehen und Gebahren lassen auf Provinz schließen. Der Plauener Hermann Seidelmann ist auf der Suche nach zwei wilden Wechslern. Die beiden haben ihn gestern beim Tausch Ost gegen West geprellt, was er leider zu spät bemerkte. Auf seiner Wanderung durch die feilschende, gestikulierende Menge, angespannt Ausschau nach den Gaunern haltend, achtet er nicht darauf, daß ihn eine junge Frau mit Häubchen und im Lodenmantel einer Krankenschwester auf Schritt und Tritt verfolgt. Die aber ist sicher, gefunden zu haben, was sie selbst sucht. Und als der Betrogene, sichtlich verärgert, dem Ausgang zustrebt, spricht ihn Elisabeth Kusian an.

Kommissar Menzel stellt den Ablauf so dar: „Sie möchte gerne Westgeld gegen 150 DM Ost eintauschen. Das geschieht. Danach teilt ihm die Schwester mit, daß sie noch weiteres Ostgeld brauche, leider aber nicht genug Westgeld bei sich habe. Wenn es ihm nicht zuviel Umstände mache, könne er sie am Abend in ihrer Wohnung aufsuchen. Mit wilden Geldwechslern möchte sie nicht gerne etwas zu tun haben. Das leuchtet Seidelmann nach seiner Erfahrung durchaus ein. Die Krankenschwester sieht gut aus und ist sympathisch. Also sagt der Sechsundvierzigjährige zu und notiert sich ihre Adresse auf seiner Zigarettenschachtel.

Wie verabredet, klingelt er pünktlich um 20 Uhr an der Wohnungstür der Krankenschwester ... Sie bittet Seidelmann in ihr Zimmer, in dem sie schon alle Vorbereitungen für ihre Mordtat getroffen hat. Ahnungslos geht Seidelmann in die Falle. Er legt Hut und Mantel ab, setzt sich dicht an den Tisch und bittet, einige Zeitschriften durchblättern zu dürfen, die er in einem Zeitungsständer gesehen hat. Die Schwester stimmt zu, läßt sich aber zunächst 100 Ostmark von ihm geben und zahlt den Gegenwert in Westmark aus. Nachdem der geschäftliche Teil erledigt ist, ladet sie ihn zu einer Tasse Kaffee ein. Seidelmann nimmt dankend an. Frau Kusian hat den Kaffee nötig, da sie sich nach einer Morphiumspritze, die sie sich am Nachmittag gegeben hat, müde fühlt. Für die Stunden, die jetzt vor ihr liegen, wird sie einen klaren Kopf brauchen. Daher schluckt sie noch eine Dosis Pervitin.

Nachdem sie zwei Stunden ihren Gast unterhalten hat, steht sie von ihrem Platz auf der Couch auf, geht zu ihrem Schreibtisch, an dem sie sich zu schaffen macht. Dabei wendet sie ihrem Besucher den Rücken zu. So kann Seidelmann nicht sehen, daß sie aus einer Schublade ein Stück Wäscheleine nimmt, in das sie vorsorglich einen gleitenden Knoten gemacht hat. Diese Schlinge wirft sie dem ahnungslos am Tisch sitzenden Mann von hinten über den Kopf und zieht sie zusammen. Seidelmann springt auf, reißt dabei Tisch und Stuhl um und die Angreiferin mit sich zu Boden. Aber er verliert jetzt schnell das Bewußtsein.

Die während der Mordtat entstandenen Geräusche in der Wohnung sind nicht zu hören. Kurz vor der Tat hat Elisabeth Kusian ihr Rundfunkgerät eingeschaltet (aus dem gerade die Melodie „Der letzte Walzer" erklingt, d. A.). Außerdem hat sie die Zimmertür verriegelt, nachdem ihr Besucher ihr Zimmer betreten hat, um vor Überraschungen sicher zu sein."

Ungerührt betrachtet die Mörderin den Toten und plündert ihn aus. Zweihundert Westmark und 125 Mark Ost wandern in ihre Handtasche - Brieftasche, Geldbörse und Kennkarte (Personalausweis jener Zeit) sowie das Mordinstrument, der Wäschestrick, ins Feuer. Nach einer weiteren Morphiuminjektion bereitet sie die Beseitigung des Leichnams vor. Die Einzelheiten stellt Menzel in seinem Bericht dar:

„Als gelernte Krankenschwester ist sie in der Anatomie gut bewandert. Geschickt setzt sie das Skalpell an und beginnt die Arme aus den Kugelgelenken zu lösen. Aber das Skalpell bricht ab. So muß sie mit einem Küchenmesser ihrer Wirtin das grausige Werk vollenden. Die Beine löst sie in den Hüften, und da sie für den Abtransport sich als zu lang erweisen, trennt sie jedes nochmals im Kniegelenk. Dann kommt der Kopf an die Reihe. Die abgelösten Gliedmaßen legt sie auf einen feuchten Lappen, bis sie Rumpf und Kopf in zwei sorgfältig mit Papier ausgeschlagene Rucksäcke verpackt hat. Die Glieder kommen in den (von einer Freundin, d. A.) ausgeliehenen Koffer. Die Blutspuren wischt sie mit einem feuchten Lappen auf und spült ihn im Eimer aus."

Kurz nach drei Uhr nachts ist die gräßliche Prozedur beendet. Die Mörderin und Leichenschänderin peppt sich mit einer Pervitin-Dosis auf, nimmt seelenruhig in einem Sessel Platz bis sie die erste S-Bahn vorbeirollen hört.

4. Dezember 1949, 5.50 Uhr. Eine schwarzhaarige zierliche Frau betritt die Halle des Bahnhofs Zoo. Rechts einen Koffer, in der linken Hand einen Rucksack tragend. Hier entgeht Elisabeth Kusian um Haaresbreite einer frühen Aufdeckung ihres Verbrechens, berichtet der Kommissar weiter:

„Vor den Schaltern stehen bereits die ersten Fahrgäste. Menschen, die zur Frühschicht wollen, oder hinaus aufs Land, um etwas Eßbares zu hamstern. Die Frau muß ihr Gepäck einen Augenblick absetzen, um die verlangte Fahrkarte: ‚einmal Friedrichstraße', zu bezahlen. Hinter ihr steht ein junger Mann. Er hebt leicht den Rucksack an und sagt scherzend: ‚Kartoffeln sind da nicht drin, Fräulein'. Aber die Frau wendet sich brüsk um und fährt ihn an: ‚Lassen Sie gefälligst die Finger von meinem Gepäck!' Der Mann murmelt vor sich hin: ‚Man kann doch wohl noch einen Scherz machen, junge Frau.' Dann geht er seines Weges. Als er zwei Tage später in der Zeitung den Bericht über die Funde von Leichenteilen in der Borsigstraße liest, ahnt er nicht, wie nahe er vor zwei Tagen am S-Bahn-Schalter vor deren Aufdeckung stand."

Unbeobachtet leert die Kusian Rucksack und Koffer in den Ruinen an der Borsig- und der Chausseestraße. Holt aus ihrer Wohnung nun den zweiten Rucksack mit dem Rumpf. Die schwere Last schleppt sie in eine näher gelegene Ruine, in der Schillerstraße.

Nach Beseitigung der Spuren ihres Verbrechens zieht die Leichenfledderin Bilanz: Den Rücktausch des Ostgeldes eingerechnet, hat sie alles in allem dreihundert Westmark erbeutet. Nicht genug, um die drückendsten Schulden zu begleichen, geschweige denn das Weihnachtsgeschenk für den Geliebten zu erstehen. Also müssen Seidelmanns Kleidungsstücke schnellstens zu Geld gemacht werden. Um jedes persönliche Risiko zu vermeiden, wird eine gutgläubige Bekannte eingespannt. Doch Weihnachten rückt immer näher - und der Erlös fließt nur spärlich.

Mordmotiv: Weihnachtsgeschenke

Kommissar Menzel: „Was für ein Mensch, diese Elisabeth Kusian! Kaum ist ihr der erste Mord geglückt, sinnt sie auf einen zweiten. Der Knoten an der Wäscheleine hat sich als Mordwerkzeug ausgezeichnet bewährt. Warum also nicht wieder mit einem Stück Wäscheleine töten. In wenigen Sekunden hat sie damit einen kräftigen Mann zu Tode gebracht. Wieviel leichter muß es bei einer Frau gelingen. Und im Zerstückeln und im Abtransport von Leichenteilen hat sie ja bereits eine gewisse Erfahrung. So plant sie ihre nächste Tat und führt sie eiskalt, entschlossen und verschlagen durch, als sich ihr wieder eine Gelegenheit bietet.

Auch in diesem zweiten Fall ist das Motiv die Absicht, sich an den Werten ihres Opfers zu bereichern. Sie will ihrem Geliebten wertvolle Weihnachtsgeschenke unter den Christbaum legen. Diese Idee geht ihr nicht mehr aus dem Kopf, und selbst die weihnachtliche Stimmung läßt sie nicht davor zurückschrecken, ihren zweiten Mord am zweiten Weihnachtsfeiertag zu verüben."

Die Angestellte Doris Merten, sechsundvierzig Jahre alt wie Seidelmann, aus Spandau, ahnt nicht, daß sie beim Verkaufsgespräch um eine Schreibmaschine mit ihrer Mörderin verhandelt: „Die Maschine kostet 250 Westmark. Davon sollen 50 Mark bei Lieferung bezahlt werden, die am 24. Dezember stattfinden soll. Eine Krankenschwester in Tracht erscheint kreditwürdig. Frau Merten erzählt ihrer Schwester und ihren Bekannten von der netten Krankenschwester, die von ihrem doch sicher kleinen Gehalt als Weihnachtsgeschenk für ihren Verlobten, eine Reiseschreibmaschine auf Abzahlung kauft.

Am 24. Dezember erscheint die Krankenschwester wieder im Geschäft und teilt mit, daß sie die Schreibmaschine heute leider nicht abholen könne, weil sie bei einer schweren Operation assistieren müsse. Aber am zweiten Feiertag sei sie dienstfrei, ob ihr der Geschäftsinhaber dann nicht die Maschine in ihre Wohnung bringen könne. Der lehnt das ab und rettet damit sein Leben."

Heuchlerisch klagt die Kusian nun Doris Merten ihr Leid. Der harte Dienst im Krankenhaus zwinge sie dazu, mit ihrem Verlobten eine verspätete Weihnacht zu feiern. Sie überredet die mitfühlende Verkäuferin, ihr die Maschine am 26. Dezember gegen 12 Uhr mittags in die Wohnung zu bringen. Und wieder läuft alles nach dem teuflischen Plan ab, den sich Elisabeth Kusian zurechtgelegt hat.

Als Frau Merten pünktlich die Maschine abliefern will, findet sie ihre vorher so gut aufgelegte Kundin bedrückt vor. Um den Verlobten für den verpatzten Heiligen Abend mit einer besonders üppigen Festtafel zu entschädigen, hatte sie sich total verausgabt: „Ich kann die Anzahlung erst am Abend leisten ... Nun ist mir die ganze Überraschung verdorben."

Doris Merten verpaßt ihre letzte Chance. Sie geht auf die tränenreich geäußerte Bitte ein, die Maschine zurückzulassen und am Abend noch einmal vorbeizukommen, um die Anzahlung zu kassieren. Als Pfand drängt ihr die überschwenglich Dankbarkeit Heuchelnde ein ebenfalls für den Geliebten bestimmtes, mehrteiliges Silberbesteck auf.

Wie verabredet, stellt sich die Verkäuferin gegen 21 Uhr wieder in dem schon weihnachtlich geschmückten Zimmer ein. Wird freundlich zum Ablegen von Hut und Mantel genötigt, nimmt auf der Couch Platz, legt die unterschriebene Quittung für die Anzahlung auf den Tisch und zündet sich eine Zigarette an. Ihre letzte.

Der Kusian brennt die Zeit auf den Nägeln. Jede Minute kann Muschan kommen. „Stellen Sie doch bitte das Radio an", fordert sie die Frau auf. Doris Merten beugt sich bereitwillig zu dem Gerät, das neben der Couch auf einem kleinen Tisch steht. Festliche Musik klingt aus dem Lautsprecher: „Freut euch des Lebens..."

Im selben Augenblick wirft ihr die Raubmörderin hinterrücks die Schlinge um den Hals. Doris Merten verliert schon beim Zusammenziehen des Wäschestricks das Bewußtsein; rutscht von der Couch auf den Fußboden.

Liebesnacht mit einer Leiche

Der Gerichtspsychiater wird Elisabeth Kusian als eine „abartige psychopathische Persönlichkeit mit disharmonischer Charakteranlage und hysterischen Zügen“, dabei „weder geisteskrank noch geistesschwach“ bezeichnen. Feststellungen, bestätigt durch die Handlungen, die der Tat folgen.

„Die Mörderin“, so der Menzel-Bericht, „läßt ihr Opfer einen Augenblick liegen, nachdem sie die Leine verknotet hat. Dann stellt sie durch eine Pulsprobe fest, daß der Tod eingetreten ist. Nun schiebt sie die Leiche unter das Bett.“

Zuvor hat sie - wie auch im Fall Seidelmann - ihrem Opfer die Halsschlagader durchschnitten. Das austretende Blut fängt die Mörderin in einem Eimer auf, den sie in der Toilette entleert. Kaum ist die Leiche versteckt, als sich auch schon Kurt Muschan einstellt. Er wird an der Wohnungstür abgefertigt, es sei noch Besuch da - zwei Verwandte ihres verstorbenen Mannes -, der bald gehen würde. Er sollte nebenan im Berliner Kindl warten, bis sie ihn abholt. Das geschieht, nachdem Elisabeth Kusian in ihrem Zimmer die Spuren des Verbrechens beseitigt hat. Er muß vor der Zimmertür warten, bis die Kerzen am Weihnachtsbaum brennen und weihnachtliche Musik eingeschaltet ist. Dann führt sie den Geliebten an den Gabentisch mit der Schreibmaschine, dem von Frau Merten zurückgebrachten Silberbesteck und Zigaretten. Glückstrahlend, als hätte sie nicht Minuten zuvor ein grausiges Verbrechen begangen. Sie verschwendet nicht die Spur eines Gedankens an die Ermordete, an deren Familie. Gebärdet sich wie im Rausch.

Menzel: „Der Weihnachtsbescherung folgt das Weihnachtsessen. Sie unterhalten sich noch einige Zeit angeregt, und dann gehen sie zusammen ins Bett, in das Bett, unter dem die Leiche von Frau Merten liegt. Wenige Zentimeter über der Leiche ihres Opfers verbringt die Mörderin im Arm ihres Geliebten die Nacht. Am nächsten Morgen steht sie zuerst auf. ‚Bleibe bitte liegen, bis ich mich zurecht gemacht habe‘, bittet sie den Geliebten und verschwindet im Badezimmer ... Sie frühstücken in bester Stimmung zusammen. Und als der Freund gegen Mittag nach Hause fährt, begleitet sie ihn noch ein Stück.

An diesem Tage ist sie dienstfrei. Daher stellen sich mehrere Besucher ein. Man plaudert gemütlich, trinkt Kaffee, raucht Zigaretten und niemand ahnt etwas von der Frauenleiche unter dem Bett.

Endlich, nachdem zwei Stunden vor Mitternacht die Gäste gegangen sind, ist Frau Kusian allein. Nachdem sie die Zimmertür verschlossen hat, holt sie die Leiche unter dem Bett hervor, entkleidet sie und zerlegt sie in der gleichen Weise, wie sie vor drei Wochen die Leiche Seidelmanns zerlegt hat.“

Bei dem abscheulichen Werk pulvert sich die Kusian wiederum mit Morphium und Pervitin auf. Die beiden Rucksäcke mit den Leichenteilen versteckt sie in einer Schrankecke unter einer Schwesterntracht, den Rumpf unter einer Decke. Da sie wegen ihrer Arbeitszeit die Spuren dieses Verbrechens erst nach Silvester beseitigen kann, müssen die Zimmerfenster so lange geöffnet bleiben, damit niemand den Leichengeruch bemerkt.

Dreimal fährt sie am frühen Neujahrsmorgen 1950 mit der S-Bahn zum Alexanderplatz, um sich der sterblichen Überreste der Frau Merten zu entledigen. Muff und Kennkarte verbrennt sie im Ofen, die Kleidungsstücke läßt sie - wie im Fall Seidelmann - verhökern. Für Doris Mertens Ehering handelt sie selbst 25 Westmark ein.

„Alles, was sie bei dieser Tat erbeutet, einschließlich des Erlöses aus den verkauften Sachen, sind 171 DM West und eine Reiseschreibmaschine", bilanziert Menzel. „Dafür begeht eine Frau, eine Krankenschwester, eine Mutter von drei unmündigen Kindern, ihren zweiten Mord. Wie viele Morde wären diesem zweiten Mord wohl noch gefolgt, wenn nicht die Kriminalpolizei zugegriffen hätte."

Mit der Verschleppung von Leichenteilen in den Sowjetischen Sektor verbindet die Raubmörderin einen Hintergedanken. Sie spekuliert darauf, daß die Spaltung der Berliner Polizei dazu führen würde, die Spuren ihrer Verbrechen im Sande verschwinden zu lassen. Die unerwartete Zusammenarbeit der Volkspolizei und der Kripo Charlottenburg und Tiergarten macht ihr einen Strich durch die Rechnung: In Ostberlin entlarvt, wird sie nun nach Westberlin überstellt.

Dienstlicher Bericht der KI M 1/3 (Kriminalkommissar Menzel) vom 8. Februar 1950: „Nach fernmündlicher Rücksprache und entsprechender Vereinbarung wurde heute um 9.05 Uhr die am 6.01.1950 von der KI M des Ostsektors festgenommene Krankenschwester Elisabeth Kusian geb. Richter, 8.5.1914 in Bornsheim/Thüringen geboren, Berlin-Charlottenburg, Kantstraße 154a bei Stöhr wohnhaft, an der Sektorengrenze, das heißt an der Sandkrugbrücke/Invalidenstraße, in Empfang genommen ...

Übergeben wurde ein Aktenband sowie ein kleiner

Koffer der Kusian mit persönlichen Sachen. Einlieferung ins Untersuchungsgefängnis Alt-Moabit 12a. Gegen die Kusian ist bereits am 7.1.50 beim Amtsgericht Berlin-Mitte, Dircksenstraße 16, unter Aktz. 95 Gs. 50/50 Haftbefehl erlassen worden."

Polizei Ost und West im Clinch

Die Doppelmörderin ist gestellt, hat ihre Verbrechen vorbehaltlos zugegeben. Nun könnte die Gerechtigkeit ihren Lauf nehmen. Doch dem steht die hohe Politik entgegen.

Im Sommer 1948 führte das faktische Ende der Viermächte-Verwaltung ganz Berlins zum offenen Konflikt. Der kalte Krieg treibt 2,2 Millionen Westberliner und 1,2 Millionen Ostberliner in eine, schließlich mit Mauer und Stacheldraht befestigte Isolation, die mehr als vierzig Jahre dauern wird.

Die Ausgangssituation glossiert das satirische Blatt „Ulenspiegel" (Nr. 9/1949) in einem Anflug von Galgenhumor: „Die Spaltikumkämpfe nehmen ihren Fortgang (was sollten sie sonst wohl auch nehmen), Gas und Wasser wurden erfolgreich gespalten; nun soll die Luftzufuhr geregelt werden. Es ist verboten, beim Überschreiten der Sektorengrenzen Luft zu holen; man hat während des Überschreitens den Atem anzuhalten, um zu verhindern, daß Luft aus dem Westen in den Osten überführt wird (und umgekehrt).

Gegen das Eindringen von Westwinden in den Osten (und umgekehrt) werden geeignete Vorkehrungen getroffen, die zu gegebener Zeit bekanntgemacht werden.

Herr Westphal wird den Ostsektor verlassen müssen. Der Westsektor beansprucht ihn für sich. Ein Kompromißvorschlag Westphals, sich künftig Halbundhalbphal zu nennen und im Ostsektor wohnen bleiben zu dürfen, wurde abgelehnt.

Der Osterhase, in diesem Jahre noch für alle Sektoren zuständig, soll im kommenden Jahr in den Westsektoren durch den Westerhasen ersetzt werden..."

Untrennbar mit dem ausufernden Konflikt verbunden, hat auch der Kompetenzstreit innerhalb der Berliner Polizei an Schärfe zugenommen. „Bereits in den Monaten vor der Währungsreform, die auch dem Prozeß der offenen Spaltung der Berliner Polizei die entscheidende Schubkraft verlieh, häuften sich die Anzeichen dafür, daß die westlichen und östlichen Kontrahenten in der Polizei den Bruch entweder aktiv vorbereiteten oder sich zumindest auf eine solche Situation einzustellen begannen." („Die Berliner Polizei 1945 - 1992")

Im grenzübergreifenden Mordfall Kusian führt solche Einstellung zu dem Ergebnis, daß die Westberliner Polizeizentrale den, im Prinzip korrekten und vernünftigen Alleingang ihrer Untergebenen mißbilligt und entsprechend reagiert. So schreibt die Tägliche Rundschau (Ostberlin) am 11. Januar 1950: „In engster Zusammenarbeit mit den unteren Stellen der Kripo Charlottenburg und Tiergarten gelang es der Berliner Volkspolizei die Vorgänge aufzuklären und die Täterin zu verhaften. Erst als die Polizeiverwaltung des Dr. Stumm in der Friesenstraße unterrichtet wurde, entstanden Schwierigkeiten und die Ermittlungen wurden verzögert. Die von der Berliner Volkspolizei der Westpolizei übergebenen Beweisstücke wurden nicht mehr zurückgegeben und auch sonst der Gang der Untersuchung gehindert."

Die Rangelei nimmt zuweilen groteske Formen an: Im Mai 1950 verurteilt ein amerikanisches Militärgericht in Lichtenrade sechs auf Westberliner Gebiet festgenommene Volkspolizisten wegen „Tragen einer militärähnlichen Uniform" zu je drei Jahren Haft. Revanche der Gegenpartei: Drei in Falkensee (DDR) gestellte Angehörige der Westberliner Polizei (noch mit Wohnsitz im Osten) kommen wegen „Schmuggel von Spaltermark (= Westmark) und Lebensmitteln" ins Gefängnis. „In einem Falle ging es um 35 Eier, die unserer Wirtschaft entzogen wurden", entrüstet man sich in der Ostberliner Presse.

Zu diesem Zeitpunkt ist Berlin schon zu einem zentralen Austragungsort der Differenzen zwischen den einstigen Alliierten geworden. Ein Konflikt, der in Korea gerade mit Waffen, zwischem Rhein und Oder im Streit um eine westdeutsche Wiederbewaffnung mit Worten ausgetragen wird. Markige Sprüche werden auch in Berlin gewechselt - über die „Frontstadt der freien Welt", gegen das „aufgepfropfte totale Regime im Sowjetsektor", was wiederum Reaktionen auslöst wie „Brückenkopf des Imperialismus" und „Brandherd eines neuen Weltkrieges". In die westöstliche Propagandaschlacht auf allen Ebenen wird nun auch der Fall Kusian hineingerissen.

Als am 15. Januar 1951, ein Jahr nach der Aufklärung der Verbrechen, der Mordprozeß Kusian vor dem Moabiter Schwurgericht endlich beginnen kann, überschlagen sich die Wogen. Die gebotene Sachlichkeit bleibt oft auf der Strecke. Beispielsweise in der Ostberliner Zeitung Neues Deutschland (Nr. 12/1951):

„Ohne Zweifel verfolgen die Westberliner Drahtzieher mit der hypersensationellen Aufmachung des Kusian-Prozesses einen bestimmten Zweck. Es gilt wieder einmal, die Bevölkerung Westberlins durch blutige Sensationen von ihren wirklichen Sorgen und Nöten abzulenken ... Die Tatsache aber, daß die Kriegshetzer heute schon die Verbrechen anderer benutzen müssen, um ihren eigenen geplanten zu dienen, zeigt, wie unbehaglich sie sich in ihrer Haut fühlen. Woran auch der Umstand nichts ändert, daß perverse Schieber vom Zoo und elegante Wechselstubenbesitzer 70 bis 100 Westmark für eine Eintrittskarte zum Kusian-Rummel bieten."

Gleichgeartet, prophezeit die Tägliche Rundschau einen „für die Stumm-Polizei peinlichen Prozeß" und mutmaßt: „Das Skandalöse an der Sache ist nicht nur, daß der Stummsche Polizeiapparat bei der Aufklärung des Verbrechens völlig versagte - ..., viel erschwerender ist der Versuch der Stumm-Polizei, die erfolgreiche Untersuchungsarbeit der Volkspolizei-Angehörigen zu verzögern ... Es muß angenommen werden, daß dies deshalb geschah, weil, wie sich herausstellte, ein Angehöriger der Stumm-Polizei namens Kurt Muschan der Geliebte der Kusian war."

Die Giftbecher der schönen Rosa

Das Kriminalgericht Moabit ist am Morgen des 15. Januar 1951 Ziel vieler hundert Neugieriger und Schaulustiger. In der Turmstraße stockt der Verkehr. Vor dem Portal des Gebäudes entsteht lebensgefährliches Gedränge. Frauen fallen in Ohnmacht. Es kommt zu Rempeleien und Drohgebärden. Erst Polizeiverstärkungen gelingt es, Ruhe und Ordnung wiederherzustellen. „Sie wollten doch alle in den Saal 230, um die Kusian zu bekieken. Icke doch ooch“, kramt der sechsundachtzigjährige Artur S., ehemaliger „Budiker an de Plumpe (Gesundbrunnen)“, in der Erinnerung. „Det Weib war doch jenau so’n Aas wie die Jiftmörderin, die’se in den zwanziger Jahren in die Plötze ’nen Kopp kürzer gemacht haben ...“

Berlin 1921. Im Amüsiertaumel der anbrechenden Inflationsjahre gedeihen in der City Tanzdielen, Kaschemmen und fragwürdige Klubs. Das Mikado in der Puttkamerstraße, einen Steinwurf von der Friedrichstraße entfernt, ist zum Beispiel Treffpunkt männlicher und weiblicher Transvestiten. Zu den Stammgästen gehören die ledige Rosa Genschow sowie Erika Nebbe und Amalie Klein, Ehefrauen gutbetuchter Geschäftemacher. Ihr elegantes männliches Outfit betonen die drei Freundinnen durch kurzen Haarschnitt und Monokel im linken Auge. Den angetrauten Gatten paßt schließlich weder das allzu enge Freundschaftsverhältnis noch der extraordinäre Aufzug. Sie stellen ein Ultimatum. „Entweder verwandeln sich Erika und Amalie wieder in ‚normale‘ Frauen und meiden in Zukunft das ‚Mikado‘ - oder sie lassen sich scheiden!“

Ein schwerer Schock für die beiden Damen. Insbesondere Erika Nebbe droht im Fall einer Scheidung erheblicher finanzieller Verlust. Im Bunde mit Freundin Amalie bereitet sie - eiskalt und heimtückisch wie später die Kusian - einen Mord vor. Das verbrecherische Arrangement mag paradox erscheinen. Aber schon der berühmte deutsche Sexualforscher Dr. Magnus Hirschfeld (1868-1935) konnte beobachten: „Weibliche Transvestiten sind zu allem fähig ..., wenn sie die Mützen, Kragen, Unterwäsche und Schuhe von Männern tragen, während sie sich in weiblicher Kleidung eingeschränkt und gefangen vorkommen." Diese Aussage ist hier nicht so pur zu nehmen, gibt aber einen Fingerzeig für Motive.

Erika Nebbes Tatort wird der Mittagstisch. Den ahnungslosen Ehemann befällt ein mysteriöses akutes Magenleiden, dem er nach monatelanger Qual erliegt. Nach und nach wird er von seiner Ehefrau vergiftet.

„Im ‚Mikado' wurde die entmenschte Mörderin verhaftet", erzählt Erhard Tewes in seinem Tatsachenbericht „Die Geschichte der Friedrichstraße", der 1962 in der Zeitung „Telegraf" erschien. „Die Rosa Genschow war dabei. Sie sah, wie zwei Herren die Nebbe und die Klein unauffällig aus dem Lokal führten. Aber es macht auf sie keinen Eindruck. Denn die schöne Rosa, 30 Jahre alt, anmutig und verführerisch, mordete nicht nur einen Mann. Sie mordete sieben Männer. Aus Haß und noch mehr aus Habgier. In sieben Likörstuben, und jedesmal in einer anderen (es existierten viele Likörstuben in der Friedrichstadt, die die Berliner ‚Saftläden' nannten und die zum Teil von dem Großwettschwindler Max Klante errichtet wurden), schüttete Rosa wohlhabenden und eleganten Kavalieren Gift in das Getränk. Dann begleitete sie die Todeskandidaten in deren Wohnungen, wo sie ihnen die Freuden der Liebe versprach. Aber sie konnte ihr Versprechen nicht halten, denn die Männer hatten den Tod im Leib und starben schnell. Und die schöne Rosa verließ jedesmal unbemerkt die Wohnungen. Mit der gefüllten Brieftasche der Ermordeten..."

Die siebenfache Raubmörderin Rosa Genschow endete in Plötzensee unter dem Beil. Für die Doppelmörderin Elisabeth Kusian wird es ein solches Urteil nicht geben. Auch in Westberlin ist inzwischen die Todesstrafe abgeschafft. So hofft die durch knallige Schlagzeilen und rüde Pressekommentare animierte Masse der Zuhörer im Gerichtssaal 230 auf andere Sensationen. Die bleiben nicht aus.

Elisabeth Kusian betritt die Anklagebank. In betont schlichter Aufmachung, dunkles Kostüm und weiße Bluse, das schwarze Haar über dem blassen Gesicht hochgesteckt. Scheinbar unbeeindruckt, einen Anflug von Hochmut in den funkelnden Augen und in ihrer Haltung verfolgt sie den Namensaufruf der dreißig Zeugen, flüstert mit ihren Verteidigern, den prominenten Anwälten Dr. Weimann und Dr. Nicolai, der schon den Bandenchef Gladow vor Gericht vertrat.

Vom Vorsitzenden, Landgerichtsdirektor Dr. Korsch, über ihr Schuldbekenntnis befragt, widerruft Elisabeth Kusian ihr in der Voruntersuchung abgelegtes Geständnis. Mit schneidender Stimme sagt sie: „Ich verweigere jede Aussage!"

Die erste Sensation ist perfekt. Unter den Zuhörern entsteht Unruhe. Reporter stürmen zum Telefon. Die Richter sehen sich ratlos an. Eilig interpretiert Dr. Weimann die Entscheidung seiner Mandantin: „Die Angeklagte kann nicht die Mörderin sein. Ihre Geständnisse sind nicht wahr. Sie will den wirklichen Täter schützen."

Drei Tage sind ursprünglich für den Prozeß angesetzt. Doch zu diesem Termin kann die Beweisaufnahme immer noch nicht abgeschlossen werden. Allen Vorhaltungen, Beweisstücken und Zeugenaussagen zum Trotz, die Angeklagte bleibt bei ihrer Weigerung und läßt sich nur zu Äußerungen über ihr Vorleben bewegen. Und auch das nur in Bruchstücken, die Mitleid erwecken sollen.

Lang und breit spricht die Angeklagte über ihre schwere Jugend und die Kriegsverletzung, durch die sie ans Morphium geriet. Bejammert ihre Großzügigkeit gegenüber den vielen Freunden. Einem Einbrecher, der ihr besonders nahe stand, will sie regelmäßig den Anwalt bezahlt haben: „Ich selbst habe mir nie etwas gegönnt. Von meinem Gehalt als Krankenschwester, ganze 375 Mark, war es mir nicht einmal möglich, mich und meine Kinder durchzubringen."

Danach wieder eisiges Schweigen. Sie überläßt es den Anwälten, ihr Geständnis vor der Ostberliner Kripo als „konstruiert" in Zweifel zu ziehen. In diesem Stadium der Verhandlung wird auch nicht mit Vorwürfen gegen die Westberliner Kripo gespart. Die habe „sehr oberflächliche und lückenhafte Arbeit" geleistet. Dr. Weimann glaubt noch, einen anderen Trumpf aus dem Ärmel ziehen zu können: Seine Mandantin hätte zur fraglichen Zeit eine Fingerverletzung gehabt. Die Hand wäre geschient gewesen: „Also war sie überhaupt nicht in der Lage, den Mord auszuführen." Doch der herbeizitierte behandelnde Arzt widerlegt den so beredten Verteidiger: Die Verletzungen waren unerheblich, die Schiene längst entfernt.

Am sechsten Prozeßtag platzt die zweite Bombe. Die Kusian, die so lange der Verhandlung wie eine unbeteiligte Zuhörerin folgte, erhebt sich unvermittelt, bittet ums Wort. Und sagt dann lässig, auf publikums- und pressewirksamen Schaueffekt bedacht: „Ich will meine Ruhe haben. Ich will gestehen.“ Tumult unter den Zuhörern. Der Vorsitzende droht mit der Räumung des Saals. Als wieder Stille eingetreten ist, fährt Elisabeth Kusian laut und deutlich fort: „Mein geschiedener Mann ist der Mörder! Ich habe die Schuld nur auf mich genommen, um ihn zu schonen!“

Alles starrt nun zur Zeugenbank in der ersten Reihe. Auf Walter Kusian, der totenbleich die Anschuldigung mitanhört. Er hat ja nie die Verbindung zu seiner Geschiedenen ganz abreißen lassen, tauchte auch oft in ihrer Wohnung auf, war nach eigener Darstellung auch am Vormittag des Neujahrstages im Mordzimmer gewesen. Auch die zum Transport der Leichenteile benutzten Rucksäcke stammten von ihm. Doch Kriminalkommissar Menzel hatte auch dieses ermittelt: „Kurz vor ihrer Festnahme suchte Elisabeth Kusian ihren geschiedenen Mann in seiner Wohnung auf. Dabei deutete sie an, sie habe etwas Furchtbares getan, was sie nicht einmal auf dem Sterbebett beichten könne. Kusian, der die Vorliebe seiner Frau für Lügen und Übertreibungen nur zu gut kennt, legt ihren Worten keine Bedeutung bei.“ Sollte zur Abwechslung er gelogen haben?

Der Anklagevertreter, Staatsanwalt Kuntze, springt auf: „Ich beantrage, den Zeugen Kusian zu verhaften!“ Der ringt mühsam nach Fassung. Ruft verzweifelt in den Saal: „Sie muß verrückt geworden sein!“ Umsonst. Der Justizwachtmeister legt ihm die Hand auf die Schulter. „Kommen Sie schon mit.“ Und Kusian wird aus dem von Unruhe erfüllten Saal geführt. Vorbei an seiner Anklägerin, die einfach über ihn hinwegsieht.

Märchenstunde im Gerichtssaal

Elisabeth Kusian bastelt nun unermüdlich weiter an ihrem Lügengebäude. Will unter anderem dem Gericht weismachen, ein - natürlich ihr völlig unbekannter - Taxifahrer hätte in der Mordnacht des 26. Dezember die Leiche der Doris Merten in einem Seesack abtransportiert. Auf Wunsch Walter Kusians. Doch weder der Taxifahrer noch der Seesack sind auffindbar.

Die Märchenstunde im Gerichtssaal nimmt denn auch ein jähes Ende, als die Sachverständigen zu Wort kommen. Sie bezeichnen das erste, vor der Ostberliner Mordkommission abgelegte Geständnis der Doppelmörderin als „einwandfrei und dem Tatbestand völlig entsprechend". Und: „Einzelne Phasen des Sterbens der Opfer sind so plastisch geschildert, wie nur von jemand, der dabei war."

Die Beschuldigungen gegen Walter Kusian erweisen sich als völlig aus der Luft gegriffen. Er wird wieder auf freien Fuß gesetzt. Der Antrag der Verteidigung, das Ermittlungsverfahren wieder aufzunehmen, wird bei dieser Sachlage vom Gericht abgelehnt.

Am 24. Januar 1951 verurteilt das Moabiter Schwurgericht Elisabeth Kusian wegen zweifachen Mordes zweimal zu lebenslänglichem Zuchthaus. In der Urteilsbegründung wird die List und Tücke unterstrichen, mit der die Angeklagte die Arg- und Wehrlosigkeit ihrer beiden Opfer ausnutzte, sie durch geheuchelte Gastfreundlichkeit in Sicherheit wiegte, um sie „wissentlich und gewollt" zu ermorden. Es heißt dann: „Ihre Verbrechen mußten der Angeklagten bis in die kleinsten Einzelheiten nachgewiesen werden, erst dann gab sie ihr hartnäckiges Leugnen auf."

Elisabeth Kusian vernimmt den Urteilsspruch mit steinerner Ruhe. Sie wird das Urteil anfechten. Und verläßt hocherhobenen Hauptes den Gerichtssaal, eine Berliner Lady Macbeth mit blutbefleckten Händen.

Der Prozeß ist beendet, dem Gesetz formal Genüge getan. Kein Hinderungsgrund, den Fall Kusian im Osten propagandistisch auszubeuten. „Was sich hinter den Kulissen des Kusian-Theaters ereignete, ist viel interessanter als die Vorstellung auf der Bühne des Schwurgerichtes", schreibt die Berliner Zeitung vom 26. Januar 1951: „Schon 14 Tage vor dem Beginn des Prozesses verrieten die gänzlich auf Sensation frisierten Kusian-Tiraden der Westpresse eindeutig den Zweck, den man mit der Verhandlung der Doppelmörderin zu erreichen gedachte. Nicht umsonst wurden die großen Schlagzeilen ausschließlich von ihren Taten bestimmt und in endlosen Artikeln jede noch so schreckliche Einzelheit der Verbrechen abgehandelt."

Der „eindeutige Zweck" verliert sich in einer abstrusen Argumentation: „Vergeblich suchte man in den Spalten dieser Gazetten auch nur die kleinste Kritik an der ablehnenden Antwort Adenauers auf die Aufforderung des Ministerpräsidenten Grotewohl, sich an einen Tisch zu setzen, um die Maßnahmen zur Wiederherstellung der Einheit Deutschlands zu beraten ... Kein Wort über die Vorbereitung des amerikanischen Krieges, von der Remilitarisierung des deutschen Westens ... nichts über das Bettlerlos der rücksichtslos exmittierten und gepfändeten Opfer des Währungsschwindels ... Die Schlagzeilen, die man der Bevölkerung in die Ohren kreischte, sollten sie von ihren nationalen und persönlichen Lebensinteressen ablenken."

Auch die „kleinen Chargen, die rings um das Kusian-Theater hüpfen", bekommen ihren Teil ab: „Der sich kostenlos und freiwillig zur Verfügung stellende Verteidiger Dr. Weimann nutzte geschäftstüchtig die geringe Chance einer erfolgreichen Verteidigung der Kusian, weil er auf die gewisse Popularität spekulierte, die sein Name im Zusammenhang mit der Täterin in weiten Kreisen der Bevölkerung und der Klientenschar erringen sollte ... Auch Landgerichtsdirektor Korsch wurde weniger auf Grund seiner juristischen Sendung als durch die Atomkraft seiner Ellenbogen Vorsitzender des Schwurgerichts. Der ursprünglich für die ersten Dezembertage unter Vorsitz des Landgerichtsdirektors Schmitz angesetzte Prozeß ging nach langem heftigen Hickhack an Korsch, verlautet aus Moabit..."

Das Nachwort des Kusian-Fahnders Menzel ist demgegenüber von Sachlichkeit gekennzeichnet: „Die Mordtaten der Krankenschwester Elisabeth Kusian haben weit über Berlin hinaus Aufsehen erregt ... Kriminalistisch sind sie von größtem Interesse, weil hier der seltene Fall gegeben ist, in dem eine Frau zur Leichenzerstückelung Zuflucht nimmt, um ihre Mordopfer zu beseitigen. Kriminalpsychologisch sind sie von größter Bedeutung, weil eine Frau, die in einem Berliner Krankenhaus als Schwester tätig ist, die Schwesterntracht mißbraucht, um ihren Opfern Vertrauen einzuflößen. Die Überführung der Mörderin gelingt durch eine Kette von Indizien, wobei auch die Krawatte des Ermordeten eine Rolle spielt ..."

Fälle von Leichenzerstückelungen kommen nach den langjährigen Erfahrungen der Kripo in Berlin „etwa einmal in anderthalb Jahren“ vor. Die Motive: Geisteskrankheit, Okkultismus oder leichterer Transport der Opfer. Der Fall Kusian weckt unwillkürlich die Erinnerung an einen Meuchelmörder, der in der Vergangenheit die Berliner Öffentlichkeit entsetzte: Carl Großmann, ein mehrfach vorbestrafter Psychopath. In seiner Wohnung im Berliner Osten verübte er zwischen 1918 und 1921 mehr als zwanzig Lustmorde an jungen Frauen. Nachdem er seine Opfer sexuell mißbraucht und getötet hatte, zerstückelte er in Schlächtermanier die Leichen und warf die Körperteile in die Spree. Hinweise einer Nachbarin führten am 21. August 1921 zu seiner Festnahme auf frischer Tat: Großmann lag im Bett neben einer schon gefesselten jungen Frau.

Die Liste der abartigen deutschen Serienmörder dieses Typs führt Karl Denke an. Während des ersten Weltkrieges brachte er in Schlesien 26 Landstreicher und fünf Bettlerinnen um und zerstückelte die Leichen. Über Morde und Opfer führte Denke exakt Buch, verzeichnete sogar das Gewicht der einzelnen Körperteile, die man in Behältern versteckt in seinem Hause fand. Bevor dem „Werwolf von Schlesien“ der Prozeß gemacht werden konnte, beging er 1925 in der Untersuchungshaft Selbstmord.

Mit 26 Morden an Knaben und jungen Männern folgt der Triebtäter Fritz Haarmann an zweiter Stelle. Der Homosexuelle verübte seine Verbrechen zwischen 1918 und 1924, zumeist in und um Hannover. „Am Tage trat er als biederer Bürger auf, stets sauber gekleidet, und nachts lebte er als knochenzerhackender

Dunkelmann, der die Reste seiner Opfer billig zum Sülzekochen verkaufte und auf diese Art bei seinen Nachbarn sogar noch sehr beliebt war („Das Große Verbrecher-Lexikon“).

Im damaligen Berlin kursierte ein Operettenschlager, dem der Volksmund den gruseligen Text unterlegte: „Warte, warte noch ein Weilchen, dann kommt Haarmann auch zu dir - mit dem kleinen Hackebeilchen macht er Leberwurst aus dir.“ Der Massenmörder wurde am 15. April 1925 hingerichtet.

Zu dem Kreis der Verbrecher, die im Sexual- oder Blutrausch wüteten, gesellte sich nun also im Berlin der ausgehenden vierziger Jahre eine Frau. Sie mordete eiskalt aus Habgier und Berechnung. Nach dem handwerklichen Beispiel von Großmann, Denke und Haarmann.

Den politischen Aspekt des Falls Kusian wird später der Westberliner Polizeipräsident Dr. Johannes Stumm genau beschreiben. In einem Bericht, den das Interpol-Organ „Revue Internationale de Police Criminelle“ (November 1952) veröffentlicht: „Die Aufklärung war außergewöhnlich schwierig, weil die entsetzlichen Funde von Leichenteilen nicht nur im Westsektor von Berlin, sondern auch im Ostsektor gemacht wurden. Die Teilung von Berlin bringt oft Schwierigkeiten und Verzögerungen bei der Aufklärung von Kriminalfällen mit sich.“

Am 13. Dezember 1951 bestätigt der 3. Strafsenat des Bundesgerichtshofes den Spruch des Moabiter Schwurgerichtes gegen Elisabeth Kusian. Das Urteil ist damit vollstreckbar.

Die Prophezeihung der Berliner Zeitung, die Doppelmörderin werde „den restlichen Teil ihres Lebens -

nachdem sie später als abendländische Sehenswürdigkeit etwas in Vergessenheit geraten ist - vermutlich im Krankenhaus der Strafanstalt die Rolle einer barmherzigen Krankenschwester weiterspielen“, ging nicht in Erfüllung. Elisabeth Kusian, die Mörderin im Schwesterngewand, starb 1958, sieben Jahre nach ihrer Verurteilung, im Lazarett der Haftanstalt an Krebs. Abberufen von einem höheren Richter.

Polizei zwischen „No“ und „Njet“

Die Provinzstraße im Norden Berlins, schmal aber geschäftig, verbindet die Bezirke Reinickendorf und Pankow. Im Mai 1950 allerdings mit Vorbehalt. Denn exakt unter der Bahnbrücke beim S-Bahnhof Schönholz, kurz vor dem Ende der Provinzstraße, verläuft nicht nur die Bezirksgrenze. Diese trennt gleichzeitig den Französischen vom Sowjetischen Sektor. Und das sind zwei feindliche Welten.

Dem jungen Fahrer des Westberliner Funkwagens, der in gemächlichem Tempo stadtauswärts rollt, liegen so bedrückende Gedanken fern. Er genießt eine seiner ersten Streifen im Polizeidienst, und alles ist ihm noch neu und interessant. Gerade jetzt muß er höllisch aufpassen, weil aus dem kleinen Reinickendorfer Kino, links vor dem Bahndamm, die herausströmenden Zuschauer die Straße zum S-Bahn-Eingang überqueren.

„Guck' mal - zwei dufte Bienen“, stößt er den neben ihm sitzenden Streifenführer an. Der Ältere läßt den Rapportblock sinken, auf dem er Eintragungen vorgenommen hat. Und erschrickt beim Blick durch die Frontscheibe. „Mensch, paß doch auf! Du fährst ja in den Osten!“

Doch da ist es schon passiert. Der Funkwagen mit dem Westberliner Kennzeichen rollt unter der Brücke durch, kommt erst nach ein paar Metern zum Stehen.

„Los doch, mach' kehrt", schreit der Streifenführer seinen verdutzten Fahrer an.

Vor ihnen steht mitten auf der Fahrbahn ein dunkel Uniformierter, der entgeistert an seiner Pistolentasche nestelt. Ein zweiter kommt aus dem Schatten des Bahndamms gerannt. Mit gezogener Waffe. „Halt! Aussteigen!"

Doch der Fahrer hat schon den Rückwärtsgang eingelegt. Mit Vollgas jagt der Funkwagen unter der Brükke durch. Zurück in den Westsektor.

„Da haben wir nochmal Schwein gehabt." Erleichtert schiebt der ältere Polizist die Mütze aus der Stirn. „Die Vopos hätten uns glatt kassiert. Und dann hätten unsere Kollegen womöglich ein paar von ihnen kaschen müssen, um uns auszutauschen. Wär' nicht das erste Mal..."

In dem herrschenden Kalten Krieg zwischen Ost und West sind die Sektorengrenzen in Berlin vorderste Frontlinien zweier Systeme. Zwar noch nicht markiert durch 155 Kilometer Mauer und Stacheldraht, doch schon ein Kainsmal. Beklemmendes Sinnbild des geteilten Berlin, das dem Westen als Bollwerk gegen den Kommunismus, dem Osten als Vorposten des Friedenslagers gilt.

Die Ausgangsposition war freilich eine ganz andere, damals, als sich die Niederlage Hitler-Deutschlands abzuzeichnen begann. Am 12. September 1944 legten die USA, Großbritannien und die Sowjetunion (Frankreich akzeptierte später) im sogenannten Londoner Protokoll fest: „Das Gebiet von Berlin (unter dieser Bezeichnung wird das Gebiet von Groß-Berlin, wie es im Gesetz vom 27. April 1920 bestimmt worden ist, verstanden) wird gemeinsam von Streitkräften der USA, des Vereinigten Königreiches und der Sowjetunion, vertreten jeweils durch ihre Oberbefehlshaber, besetzt. (Es folgt eine genaue Abgrenzung der einzelnen Sektoren.) Eine interalliierte Behörde (Kommandantura), gebildet aus drei von den entsprechenden Oberbefehlshabern ernannten Kommandanten, wird zur gemeinsamen Verwaltung des Gebietes von Groß-Berlin errichtet."

Der Londoner Vereinbarung entsprechend, besetzen Anfang Juli 1945 amerikanische GI die Bezirke Zehlendorf, Steglitz, Tempelhof, Neukölln, Schöneberg und Kreuzberg. Die Briten übernehmen Spandau, Charlottenburg, Wilmersdorf und Tiergarten. Im folgenden Monat richten sich die Franzosen in Reinickendorf und Wedding ein. Den Sowjetischen Sektor bilden die Bezirke Mitte, Prenzlauer Berg, Weißensee, Friedrichshain, Lichtenberg, Treptow, Köpenick und Pankow.

„Die Macht in der Viersektorenstadt liegt nun bei der Interallierten Militärkommandantur ... Sie soll Probleme, die Gesamtberlin betreffen, möglichst einheitlich regeln und die gemeinsamen Beschlüsse - meist in Befehlsform - dem Oberbürgermeister von Berlin zur Ausführung übermitteln. Probleme, die sich auf einen Sektor oder einen Bezirk beschränken, sollen die Sektoren- oder Bezirkskommandanten direkt mit dem zuständigen Bezirksbürgermeister regeln. Noch vor der ersten offiziellen Sitzung des Alliierten Kontrollrates am 11. Juli haben die Amerikaner und Engländer den Forderungen des sowjetischen Oberbefehlshabers, Marschall Shukow, zugestimmt, die Versorgung der Bevölkerung ihrer Sektoren mit Lebensmitteln und Brennstoff zu übernehmen. Erste unsichtbare Grenzen - Versorgungsgrenzen - entstehen." (Sylvia Conradt/Kirsten Heckmann-Janz, „Berlin halb und halb").

In der zweiten Hälfte der vierziger Jahre verschlechtert sich die politische Großwetterlage zusehends. Die einstigen Alliierten der Anti-Hitler-Koalition trennt der Eiserne Vorhang. Der Kalte Krieg zieht herauf. Er führt 1948 nach der von den Westmächten auch in ihren Sektoren initiierten Währungsrefom zum Ende der Viermächteverwaltung Groß-Berlins.

Die Blockade Westberlins durch die Sowjets beantworten die Westalliierten mit der Errichtung einer Luftbrücke zur Versorgung ihres Machtbereichs. Im Herbst zerbricht auch die einheitliche deutsche Verwaltung. Es konstituieren sich zwei einander befehdende Stadtparlamente, aus deren Mitte am Ende der Ostberliner Magistrat und der Senat von Westberlin hervorgehen.

Zwei Oberbürgermeister regieren in dem zweigeteilten Berlin. Zwei Polizeipräsidenten, faktisch eingesetzt von den zerstrittenen Alliierten, demontieren in harscher Rivalität den ohnehin noch in den Anfangsschwierigkeiten steckenden neuen Polizeiapparat. Eingezwängt zwischen „No" und „Njet" enden die Befugnisse ihrer Bediensteten an den Sektorengrenzen zwischen Ost und West. Ein Freibrief für Verbrecher aller Schattierungen ganz Berlin zu ihrem Tummelplatz zu machen.

Hie Markgraf! - Hie Stumm!

Die Vorgeschichte: Am 26. Juli 1948 suspendiert der noch für die Gesamtberliner Polizei zuständige Bürgermeister Ferdinand Friedensburg (CDU) den 1945 von der sowjetischen Militäradministration eingesetzten Polizeipräsidenten Paul Markgraf. Wegen - so die Begründung - „unsozialer, undemokratischer und undeutscher Haltung“ sowie „fortgesetzter verfassungswidriger ungesetzlicher Maßnahmen“. Gleichzeitig ernennt er den von der sowjetischen Kommandantur angefeindeten informellen Vizepräsidenten und Leiter der Präsidialabteilung, Dr. Johannes Stumm (SPD), zu Markgrafs Nachfolger.

Die Führung der Volkspolizei bei der Maidemonstration 1949. Dritter von rechts: Paul Markgraf, Polizeipräsident von Ostberlin

Der sowjetische Stadtkommandant, Generalmajor Kotikow, reagiert postwendend: Die Suspendierung wird für ungültig erklärt, Stumm „auf Grund seiner zersetzenden Tätigkeit“ fristlos entlassen. Der gebürtige Berliner, Jahrgang 1897, promovierter Staatsrechtler und Kriminalist mit langjähriger Erfahrung in der Weimarer Republik, hatte sich unbeliebt gemacht, weil er der kommunistischen Ausrichtung des Polizeiapparates entgegenwirkte. Dabei war der 1933 von den Nazis gemaßregelte Kriminalrat 1945 ausgerechnet von KPD-Funktionären für den Dienst in der Polizeizentrale empfohlen worden.Nun schalten sich die Westalliierten offen ein, fest entschlossen, „den als unerträglich empfunden Status quo ... zu überwinden und von den Kommunisten nicht länger beeinflußbare Institutionen mit den eigenen Interessen entsprechenden Strukturelementen zu errichten.“ (Steinborn/ Krüger, „Die Berliner Polizei 1945-1992“)

Bereits im März 1948 hat der amerikanische Stadtkommandant Oberst Frank Howley (1993 in den USA verstorben) seinen Sektorenassistenten bei Polizeipräsident Markgraf angewiesen, von jenem grundsätzlich keine Anordnungen mehr entgegenzunehmen. Zugleich unterstellt er die deutsche Polizei in seinem Sektor amerikanischer Befehlsgewalt. Auch die von Howley ins Leben gerufene Black Guard - offiziell zur Bewachung alliierter Objekte, de facto eine Art bewaffnete deutsche Hilfstruppe - ist Teil der gegen eine einheitliche Polizei gerichteten Maßnahmen.

Die Einrichtung eines zweiten Polizeipräsidiums mit Sitz in Westberlin beendet die Patt-Situation. Am 28. Juli 1948 übernimmt Dr. Stumm im ehemaligen Kasernenbau der Garde-Kürassiere, Friesenstraße 16 in

Kreuzberg, die Amtsgeschäfte.Er verkündet am selben Tag über den Rundfunksender RIAS seine Übernahme der Befugnisse des Berliner Polizeipräsidenten. Der suspendierte Vorgänger Markgraf sei nicht mehr autorisiert, diesbezügliche Anweisungen zu erteilen. Und: „Alle verfassungstreuen Polizeibeamten" sollen sich in der Friesenstraße registrieren lassen.

Bis zum 30. August 1948 folgen laut Steinborn/Krüger rund siebzig Prozent des Personals der Gesamtberliner Polizei diesem Aufruf. Markgraf kontert mit der Anordnung: Angehörige der Stumm-Polizei (wie sie von nun an im östlichen Sprachgebrauch heißt) sind unverzüglich festzunehmen, sobald sie im Sowjetischen Sektor „Amtshandlungen auszuüben versuchen".

Die Polizeiangehörigen in Ost und West geraten unter massiven Gewissenszwang. Nach der Devise Hie Markgraf! - Hie Stumm! werden ihnen Loyalitätserklärungen abgefordert. Wer sie verweigert, wird gefeuert: bis Ende August im Westen mehrere hundert SED-Mitglieder oder Sympathisanten, im Osten mehr als fünfhundert Leute, die dem Westen nicht entsagen.

Politisch motivierte Entfernungen aus dem Polizeidienst hatte es in Einzelfällen schon viel früher gegeben. Waren es anfangs enttarnte Ex-Nazis gewesen, so standen bald Parteigänger der jeweiligen Gegenseite auf der Abschußliste. So wurde Ende 1945 auf britisches Geheiß im Bezirk Spandau der Kommunist und Widerstandskämpfer Otto Manke als Reviervorsteher in Haselhorst amtsenthoben, weil er bei öffentlicher Beflaggung neben der Berliner Fahne eine rote hissen ließ. Das KPD-Mitglied Eckerlein mußte im

Dr. Johannes Stumm, erster Polizeipräsident in Westberlin nach der Spaltung des Gesamtberliner Polizeiapparats 1948

Mai 1947 den Dienst als Reviervorsteher im US-Sektor quittieren, da er nach dem Verständnis des amerikanischen Sicherheitsoffiziers Stacey sein Amt nicht unparteiisch ausübte. Jeglicher „Anschein politischer

Einseitigkeit“ sollte vermieden werden, hieß es in solchen Fällen.

Und an diesem Prinzip wird festgehalten: „In den Wochen und Monaten vor dem endgültigen Bruch häuften sich auch die politisch motivierten Entlassungen von Polizeiangehörigen. In allen vier Sektoren. In Pankow zum Beispiel wurden im Mai/Juni 1948 zwölf Polizisten entlassen, weil sie sich geweigert hatten, für das ‚Volksbegehren‘ der SED ‚Für Einheit und gerechten Frieden‘ zu optieren. Umgekehrt wurde im US-Sektor ein Revierwachtmeister nach dem Denunziationsbrief eines Kollegen entlassen, weil er die ‚russische Besatzungsmacht verherrlicht und die westlichen Besatzungsmächte beschimpft‘ habe. Seine ‚politische Einstellung habe den Dienstbetrieb erheblich gestört‘, hieß es in dem Brief“ (Steinborn/Krüger).

In dieser Phase werden die Sektorengrenzen gelegentlich zum Schauplatz eines absonderlichen Räuber- und Gendarm-Spiels: Ihre Besatzungsmächte im Rücken, bemühen sich Markgraf und Stumm bisher zentrale Dienststellen in den jeweiligen eigenen Sektor zu verschieben. Mit wechselndem Erfolg. So scheitert der Versuch, Einrichtungen des Nachrichtentechnischen Amtes beziehungsweise des Kraftverkehrsamtes aus dem US-Sektor ins Ostberliner Präsidium zu schaffen. Der Lastwagenkonvoi wird von mißtrauischen Stumm-Polizisten an der Sektorengrenze aufgehalten. In umgekehrter Richtung mißlingt die komplette Verlegung einer Zentralwerkstatt. Ein vollbeladener Lkw schafft den Übergang, den zweiten stoppen Volkspolizisten.

Eine andere Variante des Vorgeplänkels sind „schikanöse Verweigerungspraktiken“ (Steinborn/Krüger) der Rivalen. So wird schon Anfang Juli 1948 die Ausgabe von Schuhen, Uniformstücken und anderen Materialien aus Magazinen des Präsidiums, die im Amerikanischen Sektor liegen, an Polizeiangehörige im Sowjetsektor eingestellt. Auf Befehl des US-Sicherheitsoffiziers Major Bond.

Stumm-Polizisten, die in Ostberlin wohnen, erhalten statt der Lebensmittelkarte I für Schwerarbeiter nur noch die wesentlich niedrigere der Versorgungsgruppe III (Angestellte). Volkspolizisten ist es strengstens verboten, Westberlin aufzusuchen.

„Ich habe es aber trotzdem regelmäßig gemacht, denn viele meiner Freunde und Bekannten lebten dort“, berichtet die ehemalige VP-Angehörige Anneliese Boehnke den Autorinnen von „Berlin halb und halb“. Das kostet sie ihre Stellung: „Eines Tages wollte ich wieder - verbotenerweise - nach Britz in den Westen fahren. Eine Freundin hatte Geburtstag und ich wußte, daß sie sich eine Handtasche wünschte, wie ich sie trug. Ich kaufte sie dann auch ‚Unter den Linden‘ und ließ sie mir einpacken - es sollte ja ein Geschenk sein. Stadtmitte stieg ich in die U-Bahn. Da kamen zwei Herren in Zivil und haben mich ’rausgewunken. Aha, dachte ich, Warenkontrolle. Und so war es dann auch. Die wollten nun wissen, wo ich beschäftigt bin. ‚Bei einer Behörde‘, sagte ich. ‚Welche denn?‘ Als ich dann nach einigem Hin und Her sagte: ‚Bei der Polizei‘, da war’s dann aus. Ich wurde den ganzen Tag festgehalten, bis sie mich abends mit ‚Polizeischutz‘ nach Hause fuhren. Ich war sofort dienstentlassen. Sie nahmen meinen Dienstausweis und alles andere, was der Polizei gehörte, gleich mit...“

Vogelscheuchen mit Stuhlbeinen

Der kräftezehrende Kleinkrieg der Polizeioberen wird auf dem Rücken der Männer und Frauen ausgetragen, die sich die undankbare Aufgabe gestellt haben, in dem zertrümmerten und chaotischen Berlin für Sicherheit und Ordnung zu sorgen. Anfangs ist das nahezu eine Sisyphusarbeit, denn als im Frühling 1945 in Berlin die Waffen verstummten, war die Polizei als staatliches Machtorgan schon seit Tagen ausgelöscht: Am Vormittag des 23. April 1945 befiehlt der „Höhere SS- und Polizeiführer Berlins" die Aktion Thusnelda: In allen Inspektionen, Revieren und sonstigen Dienststellen der Berliner Polizei sind sofort sämtliche Telefonanschlüsse und Fernschreiber zu zerstören, vorliegende Akten und vorhandene Schriftstücke über hohe Funktionäre der NSDAP und Polizeioffiziere zu verbrennen.

Es ist der 23. April, der Tag, an dem sich der sowjetische Einschließungsring um Berlin geschlossen hat. Zur Stunde, da das Stichwort Thusnelda die Auflösung der nazistischen Ordnungsmacht auslöst, drängen „von Osten, Norden und Süden die auf Berlin zurückgeworfenen Truppen in die Außenbezirke der Stadt. Von Tegel über Reinickendorf, Weißensee, Lichtenberg, Köpenick, den Teltow-Kanal, Stahnsdorf bis zu den Havelseen saß ihnen die Übermacht der sowjetischen Armeen auf den Fersen ... Geschütze und Panzer gingen an den Straßenecken in Stellung. Pionierkommandos legten Sprengladungen. Flakartillerie fuhr auf. Kabel und Telefonschnüre zogen sich über aufgerissenes Pflaster..." (Jürgen Thorwald, „Das Ende an der Elbe")

Berlin im Mai 1945. Fünf Minuten nach Zwölf. Ein vom Krieg verheertes Karthago der Neuzeit. Eine riesige Ruinenwüste, bedeckt mit 75 Millionen Kubikmeter Schutt und Trümmer. Die von Bomben und Granaten zerschmetterten Boulevards und Straßen übersät mit Leichen und Tierkadavern, mit rauchendem zerschossenen Kriegsmaterial aller Art.

Eine Millionenstadt ohne Wasser, Strom und Verkehrsmitteln. Es gibt kein Brot, kein Mehl, keine Kartoffeln - nichts. Die Vorratslager sind ausgebrannt oder geplündert. Über allem lagert zäh brandiger, durch Leichengeruch verdichteter Brodem. Eine Stadt am Rande der Agonie.

Ende Mai 1945 tauchen im Stadtbild die „Jrünen“ auf, die ersten Berliner Polizisten der Nachkriegszeit. Sie lösen die nach dem Einmarsch der Roten Armee ernannten zivilen Operativ- und Ordnungsgruppen in den Bezirken ab. Zwar hat der sowjetische Stadtkommandant, Generaloberst Bersarin, erst am 25. Mai den Befehl erteilt, in Berlin die Polizei neu zu organisieren und „bis zum 1. Juni d.J. den Schutzpolizeiapparat in der Uniform einzukleiden, die bis zum Jahre 1933 in Dienstgebrauch war, und eine notwendige Zahl von Polizeiposten in der Stadt aufzustellen“, doch die inoffizielle Arbeit der künftigen Ordnungsbehörde hat schon früher begonnen. Seit dem 20. Mai amtiert in der Linienstraße 83-85 im Bezirk Mitte - das alte Präsidium am Alexanderplatz ist zerstört - der gebürtige Berliner Paul Markgraf, Jahrgang 1910, als Polizeichef.

Der ehemalige Kommandeur einer Panzerjägerabteilung und Ritterkreuzträger der Wehrmacht war am 1. Mai mit der aus ehemaligen KPD-Funktionären bestehenden sogenannten Gruppe Ulbricht aus der Sowjetunion nach Berlin gekommen. In der Kriegsgefangenschaft Mitglied des kommunistisch beeinflußten „Nationalkomitee Freies Deutschland“ und Mitbegründer des „Bundes Deutscher Offiziere“ geworden und in dem Antifa-Lager Krasnogorsk geschult, soll er nun eine seinen Auftraggebern genehme Gesamtberliner Polizei aufbauen. Er besetzt Führungspositionen überwiegend mit KPD-Anhängern, bis der Einzug der Westalliierten in ihre Sektoren der einseitigen Personalpolitik Schranken setzt.

Nach dem Ende der Nazi-Ordnung regeneriert sich nicht nur das Alltagsleben. Das Verbrechen wittert Morgenluft, stellt der Kriminalhistoriker Wolfgang Heinrich („Meister der Kriminalistik“) fest: „Bald nach dem Einmarsch der Russen sind die Berufsverbrecher und ihr Anhang in Scharen in Berlin eingeströmt. Sie kennen sich alle untereinander, kommen aus der Sicherungsverwahrung und dem KZ, und bescheinigen sich gegenseitig, daß sie nicht als Kriminelle, sondern als Opfer des Faschismus einsaßen. Sie schließen sich zu Banden zusammen und gründen Ringvereine, die sie jetzt Sparvereine nennen.

Eine weitere Verstärkung erhält diese Front der Rechtsbrecher durch gesuchte SS- und Gestapoleute, die in der Unterwelt untertauchen wollen, mit der Waffe gut umzugehen verstehen und so leicht vor nichts zurückschrecken.

Den Berufsverbrechern folgen gleichfalls in Scharen unerwünschte Elemente aus dem Osten. Sie machen sich im Westen Berlins breit und plündern als Schwarzhändler die hungernde Bevölkerung aus ...

Gegen diese Front, die ständig stärker und gefährlicher wird, steht nur eine viel zu schwach besetzte Polizei ... Völlig unzureichend ausgerüstet, unterernährt und ohne kriminalistische Erfahrung beginnen diese pflichttreuen Beamten den aufreibenden Kampf gegen ein in Berlin noch niemals in dieser Stärke aufgetretenes Verbrecherunwesen, bei dem 43 Polizeibeamte auf der Strecke bleiben."

Laut zeitgenössischer Chronik eines unbekannten Verfassers gleichen die ersten „Jrünen" auf Berlins Straßen „eher Vogelscheuchen als Ordnungshütern". Uniformiert mit Feldblusen der ehemaligen Wehrmacht und des Volkssturms, dazu Schirmmütze oder Tschako und Stoffkoppel des einstigen Afrikakorps der Hitler-Armee. Die ganze Ausrüstung besteht aus Signalpfeife und hölzernem Schlagstock (intern Stuhlbein genannt). Ein Jahr nach der Neuaufstellung mangelt es der Polizei nach Feststellungen des Magistrats „immer noch an 4 800 Mänteln und 6 200 Paar Schuhen".

Mit dieser primitiven Ausstattung stehen sie den gut bewaffneten Banden gegenüber, die ganz Berlin mit Raub und Plünderung terrorisieren. Ein kurz vor Weihnachten 1945 aufgestelltes Sonderkommando für die Innenbezirke und Einsatzgruppen in den Randgebieten sollen ihnen das Handwerk legen. Ein verzweifeltes Bemühen, klagt der damalige Reinickendorfer Bürgermeister Böhm öffentlich. Schuld daran sei die schwache Bewaffnung und das Fehlen motorisierter Fahrzeuge. Nach dem Tod eines jungen Polizeianwärters bei einem Bandenüberfall wird im April 1946 im Reinickendorfer Amtsblatt festgestellt: „Es gehört schon eine Portion Heroismus dazu, um teils unbewaffnet oder nur mit einem Holzknüppel versehen, gegen die bis an die Zähne bewaffneten Banditengruppen einzuschreiten."

Erst die überhandnehmende Bandenplage veranlaßt die vier Besatzungsmächte in jenem Frühjahr, die unzulängliche Ausrüstung durch Pistolen zu ergänzen. Mit einschränkenden Auflagen, vermerken Norbert Steinborn und Hilmar Krüger, Experten auf diesem Gebiet, in ihrer Darstellung der „Berliner Polizei 1945 - 1992": Generell war die Benutzung der Waffe „nur im jeweiligen Sektor und nur in Fällen der sogenannten bewaffneten Nachteile zum Beispiel bei der Verfolgung eines flüchtenden Verbrechers" erlaubt. Ferner: „Nach einem solchen Einsatz mußte die zuständige Inspektion und der Sektorenkommandant verständigt werden.

Besonders die Berliner Kripo - vom Dilemma der Sektoreneinteilung und ihren Erschwernissen wohl am stärksten betroffen - forderte immer wieder, daß bewaffnete Polizeiangehörige ohne jegliche Einschränkungen in allen vier Sektoren einsetzbar sein sollten." Die Forderung wurde ignoriert. Mit fatalen Folgen für die Bekämpfung und Verfolgung des „grenzenlosen" Verbrechens.

Mangelhafte Ausrüstung ist nicht das einzige Handikap der ersten Nachkriegspolizei. Es fehlen Fachleute, die aus der Nazi-Zeit politisch unbelastet sind. Bei einer Sollstärke von 15 000 Mann aller Dienstgrade trifft das nur für etwa vier Prozent zu. So behilft man sich bis Mitte 1945 mit einem sogenannten schlichten Einstellungsverfahren, das heißt ohne Eignungsprüfung und ärztliche Untersuchung. Bewerber im Alter zwischen zwanzig und fünfzig Jahren werden nach flüchtiger Überprüfung ihrer Personalien sofort angenommen und eingesetzt. Einziges Kriterium der Formalitäten: Keiner soll Mitglied der Nazi-Partei oder Berufssoldat gewesen sein.

An Interessenten fehlt es nicht. Wer im Außendienst herumstreift, erhält die Lebensmittelkarte I (Schwerarbeiter). Das bedeutet monatliche Rationen zum Beispiel von 18 000 Gramm Brot, 3 000 Gramm Fleisch, 900 Gramm Fett, 2 400 Gramm Nährmittel, 100 Gramm Bohnenkaffee, 12 000 Gramm Kartoffeln. Und das ist lebenswichtiger als die Besoldung.

Die Zuteilungen für Innendienstler (Karte II Arbeiter) fallen zwar geringer aus, liegen aber - in puncto Brot, Fleisch, Fett und Nährmittel - immer noch weit über den Mengen, die etwa vierzig Prozent der erwachsenen Berliner auf die Karte V erhalten, bezeichnenderweise Hungerkarte genannt.

Nicht zuletzt lockt die Anwärter die Aussicht auf regelmäßige Verpflegung.

Die Mehrheit der zum Polizeidienst Drängenden will nur die Notzeit überbrücken. Das erschwert die kontinuierliche Neuformierung. „Jeder einmal zur Polizei" wird zum geflügelten Wort jener Tage, merken die Polizeihistoriker Steinborn und Krüger an: „Von 12 533 Polizeiangehörigen, die 1946 im Durchschnitt bei der Schutzpolizei tätig waren, wurden 8 684 wieder entlassen, das heißt Austausch des Personals zu siebzig Prozent. Also 5 179 auf eigenen Wunsch, 2 836 wegen Untauglichkeit, 607 wegen krimineller Delikte im Dienst, 62 wegen falscher Personalangaben. 1947 wurden 2 802 Schutzpolizisten entlassen, davon 23 Prozent wegen strafbarer Handlungen."

Viele der gestrauchelten Ordnungshüter hatten bei Schwarzmarkt-Razzien sichergestellte Waren unterschlagen und für sich verbraucht. Die Berliner Polizei kommt in Verruf. So weiß die Zeitung Vorwärts (16. Dezember 1947) von einem vielerorts kursierenden „traurigen Witz“ zu berichten, der in öffentlichen Veranstaltungen „begeistert bejubelt“ werde: „In Hamburg hat man beschlossen, aus den alten Uniformen der Polizei Lumpen zu machen. In Berlin hat der Magistrat beschlossen, aus Lumpen Polizisten zu machen.“

Vor diesem Hintergrund erscheint eine Anordnung Markgrafs vom 12. April 1947 verständlich, im dienstlichen Verkehr und in der Öffentlichkeit nicht mehr den Begriff Volkspolizist zu verwenden. (Er wurde der Ostberliner Polizei am 1. Januar 1950 als Ehrentitel wiederverliehen). Die Bezeichnung, macht der Polizeichef geltend, welche eigentlich die „Verbundenheit der heutigen Polizei mit dem Volke ausdrükken“ sollte, sei „vielfach mißbraucht worden“.

Je größer die Kluft zwischen Ost und West wird, umso mehr verzerrt sich in der Öffentlichkeit das Bild des Polizisten. Die Ostberliner Medien ziehen gegen „Stumms Knüppelgarde“ zu Felde. Westberlins Boulevardpresse antwortet mit Verbalinjurien wie „Markgrafs Banditen in Uniform“.

„Im Reizklima der Blockadezeit (1948/49, d. A.) entwickelte sich selbst die Bekämpfung des Schwarzmarktes zum Politikum“, registrieren Steinborn und Krüger. Frappantes Beispiel ist eine Razzia der Volkspolizei am Abend des 19. August 1949 auf dem Potsdamer Platz. Der von Hunderten frequentierte illegale Markt für Zigaretten, Schokolade, Geld und Gebrauchsgegenstände wird zum Schlachtfeld: „Das nur kleine Polizeikontingent, das unter der Führung des kommunistischen Kommandeurs Wagner stand, wurde gleich zu Anfang mit einem Steinhagel empfangen. Ein während dieser Attacke schwer am Auge verletzter Polizist mußte sofort ins Krankenhaus gebracht werden. Die Schwarzmarkthändler, die völlig organisiert vorgingen und dabei nach Zeugenaussagen von jungen Leuten in schwarzen Hosen und hohen Stiefeln dirigiert wurden, griffen die Polizisten weiter an und verletzten mit ihren Steinwürfen auch andere Schwarzmarkthändler, die bereits festgenommen waren und sich auf einem Polizeiwagen befanden. In dieser Notsituation machten einige Polizisten von ihrer Schußwaffe Gebrauch und verletzten dabei drei Personen.

Vom amerikanischen Stadtkommandanten Oberst Howley wurden die Schwarzmarkthändler daraufhin buchstäblich als politische Widerstandskämpfer gegen die ‚SED-Polizei' gefeiert, an deren Spitze nur ‚Kriminelle' stünden."

Ein Teil der Westberliner Presse stimmt ihm anderntags vehement zu. Mit entsprechender Berichterstattung und Schlagzeilen wie „Markgrafs Polizei schießt" (Tagesspiegel), „Spontane Auflehnung der Berliner gegen Ostpolizei am Potsdamer Platz" (Der Sozialdemokrat) oder „Deutsche Polizisten haben auf Deutsche geschossen" (Telegraf). Nur vereinzelt erheben sich warnende Stimmen. So meint die Zeitung Die Welt (24. August 1949), man sollte „auf solche Elemente wie Schwarzmarktschieber als Bundesbrüder verzichten". Auch in den Westsektoren sei es früher „niemanden eingefallen, in den Razzien gegen Schieber Aktionen mit politischen Hintergründen zu sehen." Es sei Pflicht der Polizei des Sowjetsektors gewesen,

„im Interesse der Anständigkeit des Lebens auf den Straßen einzuschreiten“ und schon „bedauerlich genug, daß die Schieber am Potsdamer Platz Ausweichmöglichkeiten in andere Sektoren hatten“.

Der Margarinekönig zahlt alles

Ein Großschieber der Sonderklasse macht in dieser wildbewegten Zeit von sich reden: Karl Oberjat, Jahrgang 1898, vom Diener und Kutscher zum Margarinekönig Berlins aufgestiegen. Er wirbelt einen Skandal auf, der dem Ansehen und Autoritätsanspruch der Polizei in der Berliner Öffentlichkeit zum Schaden gereicht. Denn in seiner Nachbarschaft befinden sich keine Geringeren als Polizeipräsident Dr. Stumm und Schutzpolizeikommandeur Erich Duensing.

Karl Oberjat war zeitlebens das, was man ein Schlitzohr nennt. Schon bald nach der Inflation von 1923 verfügt er über ein für damalige Verhältnisse beträchtliches Anfangsvermögen von 15 000 Reichsmark. Vier Jahre später hat er sich vom kleinen Expedienten einer Lebensmittelhandlung zum einflußreichen Geschäftsführer der Märkischen Margarinefabrik (MMF) in Berlin-Reinickendorf aufgeschwungen. Eine Position, die ihm nach 1945 ein Millionenvermögen erraffen läßt.

„Oberjat, der in den Jahren nach dem Krieg über das Monopol der Margarineherstellung in Berlin verfügte, hatte nachweislich 150 Tonnen Margarine auf dem Schwarzmarkt verschoben und daraus riesige Gewinne in Höhe von etwa 15 Millionen Reichsmark für sich bezogen. Während Hunderttausende von

Hauptstädtern kaum das Geld hatten, um sich auch nur einen der damals 50 bis 60 Reichsmark teueren Halbpfundwürfel des begehrten Fettes leisten zu können, gelang es Oberjat mühelos, trotz Finanzamt und Steuerfahndung, enorme Geldsummen, die aus dem Schwarzverkauf seiner Margarine kamen, rechtzeitig in Wohnblocks und Grundstücken anzulegen. Nachdem der ‚Margarinekönig' 1945 nicht einmal seinen Umzug aus einer Hinterhofwohnung im Berliner Osten hatte bezahlen können, waren bis Anfang der fünfziger Jahre mehr als sechzig Mietshäuser in seinen Besitz übergegangen" (Steinborn/Krüger).

Der Margarinekönig selbst residiert standesgemäß in einer Grunewald-Villa mit 24 Zimmern, dazu Tennisplatz und Swimmingpool. Kaufpreis: 250 000 DM. An der Einweihung im Herbst 1953 nehmen seine engsten Freunde teil, darunter auch Westberlins oberster Polizist. Und das, obwohl die Steuerfahndung dem Großschieber Oberjat bereits drei Jahre früher auf die Schliche gekommen ist.

Doch seitdem ist ein Verwirrspiel zwischen Justiz und Polizei im Gange. Es liefert den Medien in Ost und West über mehrere Jahre hinweg Stoff und Spielraum für Vermutungen, Verdächtigungen und Gerüchte: „Hauptbelastete fehlen noch" („BZA am Abend", 4. Februar 1954) oder „Senat radiert in Oberjat-Akten" („BZA", 20. Februar 1956).

„In den Verdacht der Begünstigung geriet Stumm, weil er seit vielen Jahren mit Oberjat überaus freundschaftlich verbunden war. Fast täglich konnte man die beiden passionierten Reiter gemeinsam durch den Grunewald reiten sehen. Als besonders peinlich für den Polizeipräsidenten erwies sich aber - wie Nach-

Margarineschieber Karl Oberjat. Dem ehemaligen Kutscher gelang mit Schwarzmarktgeschäften der Aufstieg in die bessere Gesellschaft

forschungen der Staatsanwaltschaft ergaben -, daß ihm der Fabrikant zur Restfinanzierung seines neuen Hauses in Dahlem 17 000 DM ohne Schuldschein und Rückzahlungstermin geliehen hatte" (Steinborn/ Krüger).

Unter der Titelzeile „Hoppla, wir leben - Und wer bezahlt?" berichtet das Berliner Blatt Nacht-Express am 18.Juni 1951,das neuerbaute Domizil des Polizeioberen verfüge über vierzehn Zimmer, Säle und Salons und beziffert die offiziellen Baukosten auf 85 000 DM, „vermutlich nur die Hälfte der tatsächlichen".

Der Villen-Neubau in der Dahlemer Menzelstraße 14 wird so zum Stadtgespräch: „Zu dumm nur, daß Oberjat nicht etwas taktvoller und diskreter ist. Aber wenn er schon sein gutes Geld für den Polizeipräsidenten ausgibt, will er sicher daran auch seine Freude haben", schreibt die Illustrierte Stern (Nr. 50/1953). „So macht die Geschichte mit den 17 000 DM also ihre Runde durch die Öffentlichkeit, und die beurteilt solche Darlehen an einen hohen Beamten doch etwas anders als Stumm und Oberjat es offensichtlich tun. Auch andere Dinge sprechen sich herum, etwa Oberjats Weisung, die er nicht nur im Einzelfall, sondern grundsätzlich an Kellner gegeben hat: ‚Alles, was Dr. Stumm verzehrt, geht auf meine Rechnung'. Im Reitklub bezahlte er ganz offiziell die Reitkosten für den Polizeipräsidenten."

In den Redaktionen der Berliner Tagespresse stapeln sich die Briefe empörter Leser. Der ins Zwielicht geratene Polizeichef wird darin nahezu einstimmig als Schieber und Ganove angegriffen. Auf der Straße fallen weitaus härtere Ausdrücke, gegen die sich Stumm in 49 Einzelfällen mit einem Rundumschlag von Strafanträgen zur Wehr setzt.

Die meisten gehen aus wie das Hornberger Schießen. Ein gegen den Vorsitzenden des Berliner Bürgerschutzbundes, Jochen Kühle, angestrengter Beleidigungsprozeß gerät zur Mohrenwäsche: Das Gericht stützt sich auf die - laut Urteilsbegründung - „glaubwürdigen Aussagen des Zeugen Dr. Stumm" und verurteilt Kühle zu vier Monaten Gefängnis.

Der Fall Oberjat, der auch zu einem Fall Stumm geworden ist, ruft dessen Partei, die SPD, und die Stadtoberen auf den Plan. Umso mehr, als der in Peinlichkeiten geratene Polizeipräsident schon einmal - 1952 - im Abgeordnetenhaus unter schwerem Beschuß stand. Damals verantwortlich gemacht für zahlreiche spektakuläre Korruptionsfälle in der ihm unterstehenden Kripo.

Nun vom Senat zu einer „erschöpfenden dienstlichen Erklärung" in Sachen Oberjat aufgefordert, stellt der hart Angeschlagene in einem Schreiben vom 27. Januar 1954 an den „Hochzuverehrenden Herrn Regierenden Bürgermeister" Dr. Walther Schreiber (CDU) die gegen ihn erhobenen Vorwürfe in Abrede oder bagatellisiert sie als Übertreibungen. Ein von der SPD eingeleitetes parteiinternes Untersuchungsverfahren verläuft nach mehrmonatiger Dauer im Sande. Die Polizeihistoriker Steinborn und Krüger meinen: „Ein nicht unwahrscheinlicher Grund dürfte dafür gewesen sein, daß man den Kommunisten auf keinen Fall den Triumph gönnen wollte, freudige Kommentare über die Absetzung eines Mannes auf die Titelseiten ihrer Printmedien rücken zu können, der jahrelang in vorderster Linie den Kampf gegen die SED-Hegemonie in der Berliner Polizei geführt hatte."

„Nehmen wir die Demonstranten als Leberwurst"

Von dieser Einstellung profitiert auch Schutzpolizeikommandeur Duensing, den die beiden Experten als „Symbolfigur des kalten Krieges" und „Prototyp des

Polizei-Militaristen" charakterisieren. Duensing, 1905 in Frankfurt am Main geboren, trat als Zwanzigjähriger in den Polizeidienst, wechselte 1936 in die Wehrmacht über und brachte es dort bis zum Oberst. Nach dem Krieg wieder im Polizeidienst in Hessen, wurde er im Frühjahr 1951 an die Spitze der Berliner Schutzpolizei berufen. Bei den Antrittsreden definiert er seinen Führungsstil: „Euch Berlinern werde ich noch die Schwänze nach hinten drehen. Ihr habt alle Rotz am Ärmel und müßt euch anständig bewegen, bis der abgewaschen ist ... Ein Polizist hat Dienst zu tun und die Schnauze zu halten." Kritiker der von ihm gelegentlich auch handgreiflich praktizierten Kommiß-Methoden und seines Landser-Jargons weist er zurecht, sie hätten sich im Krieg wohl nur den „Hosenscheißerorden" verdient.

Auch der „überforsche Schutzmann" hat „Margarine auf dem Kopf", höhnen Berlins Kabarettisten. Duensing wird ebenfalls als Intimus der Hauptfigur des größten Wirtschaftsskandals der Berliner Nachkriegsgeschichte bloßgestellt.

„Duensing hatte sich beispielsweise nicht einmal gescheut, den Unternehmer als offiziellen Begleiter auf eine Dienstreise nach Paris mitzunehmen, obwohl zu diesem Zeitpunkt bereits gerichtliche Voruntersuchungen gegen den Betrüger und großen Schwarzmarkt-Gewinner im vollen Gange waren", stellen Steinborn/Krüger fest. „Es gereichte ihm auch nicht zum Nachteil, daß er bei einem seiner zahlreichen Zechabende Berlins ‚erfolgreichsten' Gauner für eine von diesem begangene Verkehrsübertretung eine in Silber gerahmte ‚Verwarnung an den lieben Verkehrssünder Oberjat' zum Zeichen der inneren Verbundenheit übergeben hatte. (Laut Stellungnahme Duensings an Bürgermeister Dr. Schreiber vom 23. Januar 1954 wurde Oberjat als „an sich in Polizeikreisen wohlgelittener Verkehrssünder“ tituliert, d. A.) Selbst Eskapaden dieser Art brachten Duensing nicht um Amt und Würden.“

Die in Mitleidenschaft gezogenen Stadtoberen gerieten in Harnisch. So wird schleunigst aus dem schon startbereiten Westberliner Karnevalszug ein Oberjat-Wagen zurückgezogen. Der Grund: Auf dem Gefährt prangte ein riesiger Margarinewürfel mit der Aufschrift „Wer gut schmiert, fährt gut!“ Davor wollten sich zwei als Richter und Senatsbeamter verkleidete Karnevalisten versuchen, mit Boxhandschuhen k.o. zu schlagen. Auf der Fahrerkabine des Wagens thronte ein stark vergrößertes Verkehrsstrafmandat im Silberrahmen.

Duensing avanciert dessen ungeachtet 1962 zum Nachfolger des pensionierten Dr. Stumm. Er wird erst in Zusammenhang mit dem blutig ausgehenden Polizei-Großeinsatz vom 2. Juni 1967 gegen eine Anti-Schah-Demonstration vor der Deutschen Oper vorzeitig in den Ruhestand versetzt. Bei der Polizei-Attacke nach Duensing-Rezept („Nehmen wir die Demonstranten als Leberwurst, dann müssen wir in die Mitte hineinstechen, damit sie an den Enden auseinanderplatzen!“) war der sechsundzwanzigjährige Germanistik-Student Benno Ohnesorg durch Kopfschuß aus einer Polizeipistole getötet worden. Duensing zog sich - wie es heißt: „im Zorn“ in den Schwarzwald zurück, um sich dort seinen „kunstgewerblichen und malerischen Neigungen hinzugeben“. In diesem Domizil starb er 1982, drei Jahre nach dem Tod seines Amtsvorgängers Dr. Stumm in Berlin. (Dort starb 1993 auch Stumms Gegenspieler Markgraf.)

Erich Duensing, Nachfolger von Polizeipräsident Stumm

Und Oberjat, der spiritus rector des Skandals? Sein Prozeß beginnt am 23. Januar 1956 vor der 6. Großen Strafkammer des Landgerichts Moabit. Das Aktenmaterial umfaßt achttausend Seiten. Über die Vollständigkeit wird manches gemunkelt. Im Verlauf der zweieinhalb Jahre dauernden Untersuchungen sollen „unangenehm belastende" Akten spurlos verschwunden sein. Auch von Eingriffen „unberechtigter Stellen des Senats" in das schwebende Verfahren ist die

Rede. „Berlins größter Strafprozeß der Nachkriegszeit wird harte Nüsse aufgeben“, vermutet die Zeitung Der Abend nach dem ersten Prozeßtag. Und die BZ am Abend will wissen: „Die großen Hechte fehlen“.

Doch es gibt in diesem Prozeß weder harte Nüsse noch große Hechte. Aalglatt und schmierig windet sich der Margarinekönig durch das Netz der Anklage, hüllt sich über seine Freundschaft mit der Prominenz in diskretes Schweigen. Legt schließlich am achtzehnten Verhandlungstag ein Teilgeständnis ab (was die Anhörung von dreißig noch anstehenden Zeugen überflüssig macht!) und kassiert ein überaus mildes Urteil, das unter den Anträgen des Staatsanwaltes bleibt: Zweieinhalb Jahre Gefängnis (unter Anrechnung von elf Monaten Untersuchungshaft), 110 000 DM Geldstrafe, Abführung von 300 000 DM aus dem erschobenen Mehrerlös. Der Staatsanwalt hatte dreieinhalb Jahre Haft und insgesamt rund zwei Millionen DM Strafe und Abgabe verlangt.

Sieben Handlanger Oberjats kommen mit Gefängnis zwischen anderthalb Jahren und sechs Monaten sowie Geldbußen davon. Ihr Herr und Meister, dem das Gericht Haftverschonung zubilligt, verläßt das Gericht als freier Mann. „Ein Urteil wurde gesprochen - Rechtsprechung war es nicht“, lautet der lapidare Kommentar der BZ am Abend am 28. März 1956.

Es war wohl nicht der Weisheit letzter Schluß, der aus der Urteilsbegründung sprach: „Die Lügen und Beweismittelfälschungen der Angeklagten waren einmalig“, hieß es darin. Aber: „Ein Zusammenhang des Falles Oberjat mit Persönlichkeiten des öffentlichen Lebens war für das Gericht nicht erkennbar“. Wohl aber vielen Berlinern, deren Meinung die Berliner Morgenpost am Tag nach der Urteilsverkündung in dem Satz zusammenfaßt: „Oberjats Glück waren seine guten freundschaftlichen Beziehungen zu einigen Personen unserer Stadt."

Rückblickend auf jene Zeit, als auch in Berlin die Politik der Stärke das Gesetz des Handelns diktierte, ziehen die Kriminalhistoriker Steinborn und Krüger den Schluß:

„Weithin bestimmte die Furcht, daß das Fehlverhalten von Leitungskräften eines zentralen staatlichen Exekutivorgans von der östlichen Seite zu vermeintlich gefährlichen Attacken auf das westliche System ausgenutzt werden könnte, das allgemeine politische Denken und führte tatsächlich in nicht wenigen Fällen auch dazu, skandalöse Vorkommnisse in den eigenen Reihen zu bagatellisieren beziehungsweise zu vertuschen. Handlungsweisen, die in weniger spannungsreichen Zeiten sehr wahrscheinlich einen Rücktritt oder eine Entlassung bewirkt und ausgelöst hätten, bleiben in der Ära der harten weltanschaulichen Konfrontation somit häufig ohne Konsequenz.

Das rigide Freund-Feind-Denken in den fünfziger und sechziger Jahren gab einer offenen und kritischen Auseinandersetzung mit eigenen Problemen nur wenig Spielraum. Konservative Ideologen waren dabei sehr schnell mit dem fatalen Begriff der ‚Nestbeschmutzung' zur Hand." An den Sektorengrenzen, der unerbittlichen Scheide zwischen Ost und West, trat dieses Denken sehr kraß in Erscheinung. Sie wurden zum Tatort für Provokationen, Überfälle, Menschenraub und - dann später buchstäblich versteinert.

Die Butterhexe geht um

Mit den Jahren macht der Ganoven-Wildwechsel über die Sektorengrenzen der in ihren Befugnissen eingeengten Polizei auf beiden Seiten in zunehmendem Maße zu schaffen. Nicht nur Gewalttäter wie die Gladow-Bande, Mörder vom Schlage einer Elisabeth Kusian oder Safeknacker wie der Pannewitz-Clan.

Seit 1950 treibt eine gewissenlose Betrügerin alte Menschen in der Viersektorenstadt an den Rand der Verzweiflung. Ein Westberliner Abendblatt gab ihr den treffenden Namen: „Butterhexe".

„Es gibt in der Kriminalgeschichte dieser Stadt keine zweite Verbrecherin, vor der die Öffentlichkeit so oft gewarnt wurde", berichtet Günter Prodöhl („Die im Dunkeln") über ihre Untaten. „Alleinstehende Mütterchen waren es, siebzig bis fünfundneunzig Jahre alt, die ärmsten der Armen, denen sie die karge Rente oder den letzten ersparten Notgroschen abschwindelte. Obgleich die Polizeiapparate in Ost und West nach ihr fahndeten, Hunderte Polizisten und Dutzende Funkwagen eingesetzt waren, um ihr das Handwerk zu legen, entkam sie jedesmal unerkannt. Dabei war der Trick dieser ‚Butterhexe' immer der gleiche und stadtbekannt, nur die Worte wechselten, mit denen sie sich in das Vertrauen der Frauen schlich."

Sie gibt sich als Abgesandte des Sozialamtes aus.

Den Opfern überreicht sie eine angebliche Senatsspende in Form eines Päckchens Butter und Bezugsscheine für kostenlose Winterkohle (in Wahrheit wertlose Schnipsel amtlicher Vordrucke). Das hilfsbereite „Fräulein Müller“ - unter diesem Namen tritt sie auf - redet den Greisinnen ein, man hätte ihnen viel zu wenig Rente oder Lastenausgleich ausgezahlt. Ein bedauerliches Versehen der Behörde. Die uneigennützige Sozialarbeiterin könnte das sofort korrigieren, wenn sie den bereits gezahlten Betrag noch vor Kassenschluß zurückbringen würde.

Dieser simple Trick funktioniert in sage und schreibe siebenhundert Fällen.Die mit gleisnerischer Freundlichkeit überrumpelten und verunsicherten alten Menschen händigen ihren einzigen Besitz an Bargeld aus, obwohl die Medien das Auftreten der Butterhexe in allen Einzelheiten beschreiben, ihr Steckbrief in allen Behörden aushängt und Zehntausende Warnzettel an alte Mitbürger verteilt werden. Keine der Betrogenen vermag der Polizei eine brauchbare Beschreibung der Verbrecherin zu liefern: „Je mehr Steckbriefe ausgehängt werden, je häufiger die Presse von ihr und ihren Taten berichtet, desto mehr macht sich in der Öffentlichkeit breit: Diese ‚Butterhexe‘ ist eine Superverbrecherin! Ihr Treiben wird beinahe ins Legendäre erhoben. Hypnotische Fähigkeiten werden ihr nachgesagt. Einige ihrer Opfer charakterisieren sie als ungewöhnlich hübsch und liebenswürdig, andere als Mannweib mit brutalen Zügen von einer angsteinflößenden Unfreundlichkeit. Wer ihr zum Opfer fällt, schildert sie nicht so, wie sie aussah und wie sie auftrat, sondern so, wie er sich eine Superverbrecherin vorstellt ... Niemand kann sich vorstellen, daß diese

Frau wie Millionen andere Frauen aussehen könnte." (Günter Prodöhl)

Fünf Jahre lang kann die ‚Butterhexe' die Polizei in Ost und West an der Nase herumführen. In Pankow, Weißensee und Hohenschönhausen ködert sie die Vertrauensseligen mit Stalin- und Parteispenden.

Da sie ihre Aktivitäten zunehmend in den Ostsektor verlagert, setzt die Volkspolizei schließlich eine aus sechs erfahrenen Kriminalisten bestehende Sonderkommission auf ihre Spur. Die akribisch geführten Recherchen bringen das Ende der Butterhexe. Es ist in einer nüchternen Aktennotiz vom 13. April 1955 festgehalten:„Die im Einsatzplan der Sonderkommission aufgeführten Punkte 1, 2, 3 und 5 wurden realisiert und führten zum Erfolg. In den heutigen Nachmittagsstunden konnte als Täterin die Käthe Schenk geb. Brinkmann, am 22.3.21 in Berlin geboren, in Berlin-Biesdorf, Oberfeldstraße 222 wohnhaft, in ihrer Wohnung festgenommen werden. gez. Barz VP-Kommissar."

Die Überraschung der beiden Kripoleute, welche die Verhaftung vornehmen, ist groß. Die „Butterhexe" entpuppt sich als eine unscheinbare, in ihrer häuslichen Umgebung ungepflegt wirkende Frau. Auf den ersten Blick ist sie alles andere als der Typ der gerissenen Betrügerin. Doch aus ihren Augen sprechen Kälte und Berechnung.

Der Festnahme setzt die Butterhexe keinen Widerstand entgegen. „Ich wußte, daß sie eines Tages kommen würden", murmelt sie nur vor sich hin. Dann schlurft die Vierunddreißigjährige, ihre beiden kleinen Kinder der Obhut von Nachbarn überlassend, zu dem wartenden Polizeiwagen.

Das Kurzprotokoll ihrer Geständnisse verstärkt diesen Eindruck: „Die Schenk ist in siebenhundert Fällen geständig. An Einzelheiten kann sie sich bei der Vielzahl der Betrügereien nicht erinnern."

Insgesamt will sie mindestens 50 000 Mark in beiden Währungen ergaunert haben. In den einzelnen Fällen lagen die Beträge zwischen fünfzig und neunzig Mark. Das Geld brauchte sie für sich und für ihren Liebhaber, einen Feuerwehrmann aus Westberlin. Weiter heißt es in dem Protokoll: „Die Adressen und die Informationen über die Lebensgewohnheiten ihrer Opfer beschaffte sie sich auf Sozialämtern, Antragstellen für Lastenausgleichszahlungen und ähnlichen Behörden, wo sie die alten Leutchen systematisch beobachtete und verfolgte."

Am 3. Dezember 1955 steht der „Rentnerschreck von Berlin" (Presse-Schlagzeile) vor dem Richter. Der Staatsanwalt beantragt unter Hinweis auf zwei Vorstrafen die Höchststrafe von zehn Jahren Zuchthaus:

„Diese Frau hat in ihrem Leben nur dreieinhalb Jahre gearbeitet. Die übrige Zeit lebte sie davon, unseren alten Menschen auf die raffinierteste und skrupelloseste Weise das Letzte abzunehmen. Die Gefühlsroheit und Kälte, die diese Frau zeigte, ist einfach unmenschlich. Durch ihre Verbrechen hat die Angeklagte viele ihrer Opfer an den Rand des Selbstmordes gebracht, selbst aber das Geld zur Befriedigung ihrer Vergnügungssucht und ihrer Triebe verbraucht. Für sie kann es keine Milde geben!"

Der 3. Strafsenat des Ostberliner Stadtgerichtes entspricht am 6. Dezember 1955 dem Antrag der Anklagevertretung. Den Opfern der „Butterhexe" bleibt nur ein Hauch von Genugtuung.

Ost-Speck für West-Spekulanten

„Richtung Warschauer Straße zurückbleiben!“ Mit aufbrummenden Motoren rollt der S-Bahnzug aus der Station Bernau. Ein ländlich-sonntäglich gekleidetes Paar mittleren Alters macht es sich im leeren Abteil bequem. „Det hätten wa erst mal jeschafft, Mutter“, freut sich der Mann und verstaut zwei prall gefüllte Markttaschen unter dem Sitz.

Die Angesprochene nestelt nervös an den Bügeln der großen Handtasche, die sie krampfhaft auf dem Schoß hält. „Quatsch bloß nich so ville, Otto, wir sind noch nich da.“ Unsicher mustert sie die jungen Leute, die beim nächsten Halt das Abteil mit unbekümmertem Lärm erfüllen.

Ihre Spannung lockert sich erst, als der Zug in den Bahnhof Bornholmer Straße einfährt. Nicht auffallen, keine Miene verziehen, hat ihr Otto eingeschärft. Schweigend zottelt sie hinter dem Mann her, der ohne Eile mit den anderen Ankömmlingen dem Ausgang zustrebt.

Niemand beachtet die offenbar für einen Besuch bei Verwandten herausgeputzten Leutchen vom Lande. Keiner hält sie an, stellt Fragen nach dem Woher und Wohin, nach dem Inhalt der Taschen.

Ungehindert gelangen beide über die große Bogenbrücke, die in früheren Zeiten Bindeglied zwischen den Bezirken Prenzlauer Berg und Wedding war. Seit dem Sommer 1945 ist sie einer von 81 Straßenübergängen zwischen Ost und West.

Am westlichen Brückenkopf angekommen, setzt Otto die Taschen aufatmend ab. „Hast' umsonst jebibbert, Anna. Nu sind's bloß noch 'n paar Schritte bis zu Maxe sein Laden inne Jrüntaler." Dort werden sie Selbstgeschlachtetes und Geräuchertes aus den Taschen hervorholen. Gegen klingende Münze in „West".

Maxe ist ein cleverer Fleischereibesitzer, der - wie er sagt - mit der Zeit geht. Das heißt, seine Ware spottbillig einkauft, nämlich in Ostberlin und Umgebung, um sie seinen Kunden im Weddinger Kiez mit hohem eigenem Gewinn zu verkaufen.

Die beiden Kleinbauern Otto und Anna aus Brandenburg sind beileibe nicht die einzigen Lieferanten für Frischfleisch, Speckseiten und Schinken aus der „Zone". Der Schmuggel nach Westberlin blüht, obwohl das als Wirtschaftsverbrechen hart bestraft wird.

Etwa zwei Drittel aller Strafsachen in der sowjetischen Zone werden unter dieser Rubrik registriert. In dem einschlägigen Gesetzesparagraphen heißen sie „schuldhaft begangene gesellschaftswidrige oder gesellschaftsgefährliche Handlungen", die auf Einflüsse oder Einwirken des Klassenfeindes zurückzuführen seien. In Westberlin wird Schwarzhandel mit kleineren Mengen nicht strafrechtlich verfolgt, lediglich die Steuerfahndung ist hinter Zigaretten- und Spirituosenhändler her.

Doch mit solchen Drohungen ist auch im Osten dem Sog der Westmark und dem zu Spekulation animierenden Währungsgefälle nur schwer beizukommen.

Die Märkische Volksstimme vom 8. Oktober 1948 berichtet, daß 420 000 Hamsterer vom 27. September bis 3. Oktober 1948 über die Vorortstrecken der S-Bahn nach den westlichen Sektoren Berlins fahren.

„Das Gesamtgewicht der aus der Provinz Brandenburg auf diesem Wege nach Berlin verbrachten Lebensmittel betrug rund 7 000 Tonnen", ist in der „Geschichte der Deutschen Volkspolizei 1945-1961" festgehalten. Weiter heißt es: „Bei einer am 3. Oktober vorgenommenen Kontrolle auf den Autobahnen, die aus der sowjetischen Besatzungszone in die westlichen Sektoren Berlins führten, wurden 131 000 Kilogramm Lebensmittel sichergestellt. Der Schutzpolizei des Landes Brandenburg gelang es allein am 11. Oktober 1948, fast 11 000 Kilogramm Lebensmittel zu beschlagnahmen. Im Ergebnis von Sondermaßnahmen zur Sicherstellung von bewirtschafteten Waren in der ersten Oktoberwoche 1948 wurden den Amtsgerichten in Lebus, Eberswalde und Bad Freienwalde 109 Ermittlungsverfahren zur gerichtlichen Aburteilung der Schieber übergeben."

Auf Hamsterer-Lieferungen solcher Größenordnungen warten in den Westsektoren andere Abnehmer als der Gelegenheits-Spekulant aus der Grüntaler Straße. Es sind weitverzweigte, perfekt organisierte Schieberringe. Sie rekrutieren sich aus professionellen Schwarzmarktgrößen, die - seit der für ihr Treiben ruinösen Währungsreform - nach neuen Schleichwegen zum Profit suchen. Das Risiko trägt im Osten ein Troß von Mittelsmännern - Aufkäufer und Lieferanten - aus allen Bevölkerungsschichten. Denn der Einkauf von Waren im Ostsektor funktioniert nur bei Vorlage des dort ausgestellten Personalausweises.

Die Hamsterfahrten aufs Land, Überlebensrezept für viele Berliner, boten reichlich Möglichkeiten für Schmuggelgeschäfte

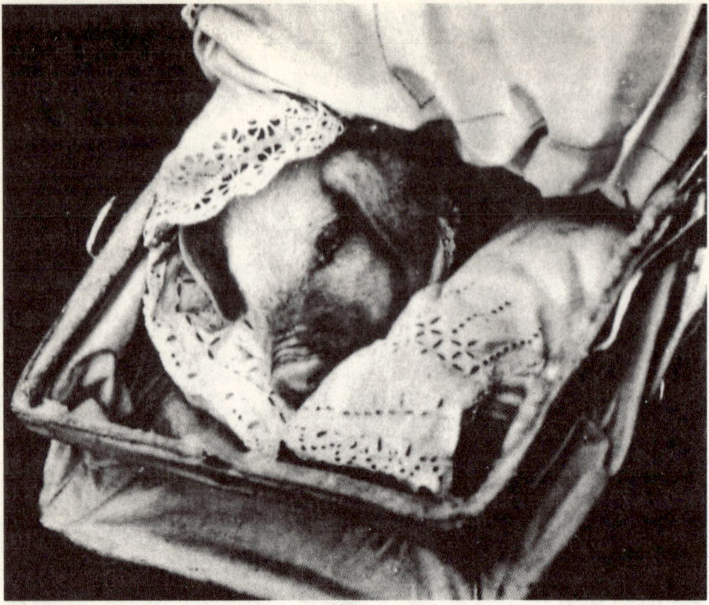

Ein Schwein im Kinderwagen. Der Erfindungsgeist der Schieber kannte keine Sektorengrenze

An der Spitze dieser Schieberringe stehen ausgebuffte Halsabschneider eines Typs, dem die Kölner Neue Illustrierte seinerzeit bescheinigt: „Sein Weizen blüht, wenn das Volk hungert. Die Moral hat er flott überrundet. Irgendwie hat er es gedreht. Seine Aktentasche ist vollgepropft mit Banknoten. Er muß ständig flüssig sein. Er fürchtet nur eins: normale Zeiten, die er nach Kräften zu verhindern sucht. Er ist der einzige, der sich im Dschungel unserer Zeit wohlfühlt."

Nicht nur bewirtschaftete Lebensmittel wie Fleisch und Butter werden über die Sektorengrenze von Ost nach West verschoben. „Es ergeben sich ungeahnte

Möglichkeiten für Tausende Schieber in Westberlin", berichtet ein Korrespondent der in Wien erscheinenden Zeitung Volksstimme in jenen Tagen: „Wenn sich beispielsweise jemand in Westberlin D-Mark Ost kauft (das kann man in den eigens dazu eröffneten Wechselstuben), bekommt er für eine Westmark fünf Mark Ost. Für dieses Geld kann er im demokratischen Sektor zwei Paar Damenstrümpfe kaufen. Verkauft er diese im Westen wieder, bekommt er dafür, sogar wenn er sie verschleudert, etwa zwei Westmark; und wenn er diese wieder umwechselt, hat er schon zehn Mark. Jedes Paar Strümpfe, das er in Ostberlin kauft, bringt also dem Schieber einen Gewinn von 100 Prozent! Eine Schreibmaschine kann man im demokratischen Sektor für etwa 350 Mark kaufen, im Westen kostet sie etwa 200 Westmark. Die 350 Ostmark kosten den Schieber 70 Westmark. Verkauft er die Schreibmaschine im Westen weiter, ergibt das einen Profit von fast 300 Prozent. Das ist eine Verlockung, die auch im demokratischen Sektor manche Menschen straucheln läßt. Solche Beispiele von ‚lohnendem Handel' gibt es Tausende."

Begehrte Objekte dieses illegalen Interzonenhandels sind wertvolle Exportartikel wie optische Geräte, Fotoapparate, Markenporzellan, Jenaer Glas, Plauener Spitzen, Antiquitäten, kunstgewerbliche Erzeugnisse oder Musikinstrumente. Als unauffälliges Handgepäck oder raffiniert versteckt in Gefährten aller Art, passiert das Schmuggelgut die innerstädtische Grenze im Strom der Hunderttausende, die täglich die Seiten wechseln.

Allein im S-Bahnhof Friedrichstraße werden innerhalb von 24 Stunden mehr als 50 000 Grenzpassanten gezählt. Und es gibt noch zwölf weitere S- und U-Bahnübergänge zwischen Ost und West.

Laut damaligen Verlautbarungen des Ostberliner Amtes für Zoll und Kontrolle des Warenverkehrs kann nur „ein verschwindend kleiner Teil der grenzüberschreitenden Personen“ auf Konterbande überprüft werden, „also von 10 000 Personen 1 Person“. Bei diesen Stichproben werden im Jahresdurchschnitt etwa 24 000 Fälle akut, „bei denen die illegale Ausfuhr von Waren verhindert wurde“.

Kupferkabel im Kinderwagen

Sektorenübergang Bernauer Straße. Schnittpunkt der Bezirke Wedding und Mitte. Ein unaufhörliches Hin und Her von Fahrzeugen und Menschen. Es ist die Stunde des Berufsverkehrs; eines Massenandrangs, der die Kontrollposten auf der östlichen Seite überfordert.

Woran soll ich bloß einen Schieber erkennen, fragt sich einer der Uniformierten. Am prallen Rucksack? Fehlanzeige. Der junge Bursche, den er eben filzte, transportiert nur sein Tischlerwerkzeug. Die Aktentasche eines anderen Verdächtigen wurde nur durch Stullenpaket und Thermosflasche ausgebeult.

Die Kontrolleure ernten nur schadenfrohes Grinsen und anzügliche Bemerkungen vorbeihastender Augenzeugen. Da zählt das freundliche Lächeln der hübschen jungen Mutter mit dem Kinderwagen doppelt. Der Posten blickt ihr wohlgefällig nach, wie sie auf schlanken Beinen das Gefährt über den Bordstein bugsiert.

Doch plötzlich löst sich ein Rad. Der Wagen droht

zu kippen. Das von der Erschütterung aus dem Schlaf gerissene Baby plärrt.

„Warten Sie, ich helfe Ihnen." Schon ist der Grenzer an der Seite der verstört Dreinblickenden. Er will den Wagen anheben und aus dem Gedränge zur Seite ziehen. Doch das gelingt ihm nicht. Der Wagen ist ungewöhnlich schwer.

„Was haben Sie da drin", fragt er nun weniger freundlich und winkt einen Kollegen heran.

„Weiß ich nich. Der Wagen gehört einer Freundin. Das Kind war über Nacht bei mir. Jetzt bring' ich es wieder 'rüber nach de Usedomer Straße", lautet die patzige Antwort. Die Hübsche ist puterrot geworden.

„Na, dann kommen Sie mal mit."

Die beiden Grenzer schaffen den Wagen in den Kontrollraum neben dem Übergang. Im Kinderwagen finden sie mehrere Kilogramm Blei- und Kupferkabel.

Jetzt ist es mit der Fassung der ertappten Sünderin vorbei. Sie schluchzt. „Ich hab' mir nischt dabei jedacht. Das bißchen Draht..."

In der rohstoffarmen sowjetischen Zone gilt Diebstahl und Verschieben von Buntmetall als Kapitalverbrechen. In Westberlin erzielen Kupfer, Blei, Messing und alle anderen Nichteisenmetalle in dieser Zeit Spitzenpreise. Die Weltmarktpreise für Schrott und Buntmetall steigen laufend. Die Konjunktur beflügelt die Aktivität der Westberliner Schrott-Grossisten. Sie stiften ihre Handlanger im Osten zu kriminellen Unternehmungen an.

In einer damals im Ostsektor erschienenen Broschüre werden Vorgehen und Folgen solcher Aktionen beschrieben: „Buntmetalldiebe reißen Regenrinnen von den Dächern oder vieladrige Kabel aus der Erde, Rohrleitungen werden bei Nacht und Nebel abgesägt. Häuser bleiben ohne Wasser, und Fabriken müssen ihre Produktion vorübergehend einstellen ... Wasserhähne, Türklinken, Kniee der Ausgüsse in Treppenhäusern und Waschküchen, was aus Kupfer, Blei, Zink oder Bronze ist, aus Messing oder Zinn, wird abgeschraubt oder abgesägt, wird gestohlen und auf Lkws, in Kinderwagen, in Aktentaschen und in Sargkränzen eingeflochten nach Westberlin gebracht."

Auch das weiträumige Schienennetz der S-Bahn ist vor den modernen Schatzräubern nicht sicher.

Die Wuhlheide liegt zwischen Karlshorst und Köpenick - eine grüne Insel im Häusermeer, geprägt von märkischem Sand und sattem Mischwald. Dazwischen verläuft die S-Bahnstrecke.

Es ist lange nach Mitternacht. Kein Zug rattert mehr über die Gleise, als sich drei Männer von der die Heide durchquerenden Köpenicker Allee an den Bahndamm pirschen. Im Schein abgeblendeter Taschenlampen machen sich zwei an den Schienen zu schaffen. Der dritte bezieht Posten hinter einem Signalmast. Er späht angestrengt streckenaufwärts, wo in der Ferne die Lichter des S-Bahnhofs Wuhlheide glimmen.

Seine Kumpane arbeiten sich inzwischen von Schwelle zu Schwelle vor. Der Anführer des Trios hantiert mit einer klobigen Drahtschere. Es knackt ein-zweimal. Dann wandert ein kurzes zentimeterstarkes Kupferkabel in die große Tragetasche, die seinem Helfer über der Schulter baumelt. Der stöhnt schon unter der Last, aber der Kerl mit der Drahtschere knipst verbissen weiter.

„Hab' dich nich so", knurrt er. „Jedes Stück is Jold

wert. Kalle zahlt uns drüben for det Zeuch Höchstpreise."

„Det Zeuch" - sind sogenannte Schienenverbinder, durch die der Signalstrom des S-Bahnnetzes fließt. Sind sie defekt oder werden gar entfernt, fallen die Signale an der Strecke automatisch auf Halt.

„Hört auf! Da kommt wer!" Neben den beiden Kupferräubern knirscht der Schotter. Der Späher deutet in Richtung Bahnhof. Auf den Schienen tanzt ein Lichtschein und kommt näher.

„Scheiße! Ein Streckenläufer", flucht der Mann mit der Drahtschere. Sie springen hastig auf. Dabei rutscht dem Taschenträger die Last von der Schulter. Ein Teil der Beute scheppert zwischen die Bahnschwellen. Sie raffen auf, was ihnen unter die Finger gerät, stopfen es in die Tasche. Aber die Zeit drängt: Der Streckenläufer ist nicht mehr weit entfernt. Für ein fluchtartiges Verschwinden ist die Tasche zu schwer.

„Los, in Deckung!" In den Schatten des Bahndamms geduckt, belauern die drei Banditen den herankommenden Mann in Eisenbahneruniform.

Der Streckenläufer kontrolliert im Lichtkegel einer starken Blendlaterne eine Bahnschwelle um die andere. Er stutzt. Die Verbinder! Sie sind weg, abgeschnitten. Ein paar Schritte weiter stößt er auf die verstreuten Reste des Raubzuges. Er bückt sich danach. Da knirscht hinter ihm der Schotter. Ehe der Eisenbahner reagieren kann, streckt ihn ein Hieb mit der schweren Drahtschere zu Boden. Er wird beiseite gezerrt, das restliche Raubgut eingesammelt. Dann verschwindet das Banditen-Trio unerkannt.

Am nächsten Morgen geht für Stunden nichts auf dieser S-Bahnstrecke. Die vom Berufsverkehr abhängigen Arbeiter und Angestellten beschimpfen das Bahnpersonal, erreichen die Betriebe mit Verspätung. Ärger und Frust auf beiden Seiten.

Um dieselbe Zeit packen in einem Kreuzberger Hinterhofschuppen die drei Buntmetallräuber ihrem Auftraggeber die gestohlenen Kupferkabel auf den Tisch und kassieren.

Die sprunghafte Zunahme derartiger Delikte veranlaßt im Winter 1949 die Behörden des Ostsektors, sich über die Medien an die Öffentlichkeit zu wenden. Unter der Losung „Stopp den Metalldieben!" heißt es: „Die Metalldiebstähle haben in Berlin einen solchen Umfang angenommen, daß die Polizei- und Justizbehörden von sich aus dazu übergehen, Sondermaßnahmen gegen das verbrecherische Treiben der organisierten Metallräuber einzuleiten.

Wie von der Berliner Volkspolizei mitgeteilt wird, wurden in den letzten Monaten auf Bahnhöfen und in den Stadtrandgebieten 560 t gestohlener Schrott und Buntmetalle sichergestellt. Dabei verhaftete die Berliner Volkspolizei über 1 650 Metalldiebe. Das verbrecherische Treiben führe allmählich zu erheblichen Störungen des wirtschaftlichen Aufbaus innerhalb der Deutschen Demokratischen Republik."

Die Psychosen des Kalten Krieges finden unter solchen Umständen reichlich Nahrung. Die Diebesbanden würden „von Agenten ausländischer Mächte organisiert", heißt es. Polizei und Justiz allein seien nicht in der Lage, diesem Unwesen entgegenzusteuern. Deshalb müsse die gesamte Öffentlichkeit, „die ja durch diese Bandenarbeit ebenfalls geschädigt werde, mobilisiert werden. Insbesondere die Hausvertrauensleute sollen ab sofort jeden Verdacht und jede Beobachtung sofort der Volkspolizei melden, damit den Verbrechern, wo immer sie sich zeigen, das Handwerk gelegt wird. In verschiedenen Stadtvierteln kam es bereits zu Wasserrohrbrüchen, Störungen in der Gas- und Stromversorgung und damit zusammenhängenden Unfällen. So werden auch die öffentlichen Einrichtungen gefährdet. Besonders gefährlich wirkt sich dies auf den Bahnverkehr aus, und es besteht die Gefahr großer Unglücksfälle, wenn nicht durch ununterbrochene Überwachung der Bahnanlagen jeder Schaden sofort bemerkt wird ... Hier kann nicht mehr mit Samthandschuhen gearbeitet werden ... Die Justiz werde in Zukunft alle diese Übeltäter so exemplarisch bestrafen, daß es den Auftraggebern in Zukunft schwerfallen wird, weitere Werkzeuge für ihre verbrecherische Tätigkeit zu finden."

Der Ankündigung folgt binnen kurzem die Tat: Ende Dezember 1949 holt die Volkspolizei zu einem umfassenden Schlag gegen die Schrotträuber und deren Hintermänner aus, soweit sie im Osten aktiv sind. Über den Ablauf dieser Großaktion „Berta" wird in der „Geschichte der Deutschen Volkspolizei 1945-1961" unter anderem berichtet:

„Zunächst fand eine Überprüfung aller Aufkauf- und Erfassungsbetriebe auf illegale Buntmetallbestände statt. Bereits an den ersten beiden Tagen dieser Aktion gelang es, 125 Tonnen Buntmetalle, die gehortet waren, sicherzustellen ... Bis Ende Januar 1950 waren etwa 420 Tonnen Buntmetalle sichergestellt sowie eine größere Anzahl Buntmetallaufkäufer und -diebe festgenommen. Allein an den Übergängen der Hauptstadt der DDR nach Westberlin konnten bei einer drei Wochen andauernden verschärften Kontrolle

Polizeikontrolle an der Sektorengrenze. Gesucht wurde nach Schieberwaren aller Art

289 Buntmetalldiebe festgenommen werden, die ihr Diebesgut in Westberlin veräußern wollten. Dabei wurden 18 Tonnen Buntmetall sichergestellt. Darunter befanden sich 10 550 Meter Leitungsdraht für Telefon- und elekrische Oberleitungen sowie 1 200 Meter Bleikabel ... Bis Ende Februar 1950 erhöhte sich die aus strafbaren Handlungen stammende und beschlagnahmte Buntmetallmenge auf über 1 370 Tonnen."

Im Rahmen der Aktion „Berta" werden auch Betriebe überprüft, die Buntmetalle verarbeiten. Zur Sicherung der Bahnanlagen - speziell der Berliner S-Bahn - wird ein Eisenbahnerselbstschutz ins Leben gerufen. Anfang März 1950 startet mit einem zweiwöchigen Sondereinsatz von Schülern und Lehrern

Zwischenfall an der Sektorengrenze. Ein Schwarzhändler wird gejagt und gestellt

der VP-Schule für Kriminalistik an den Brennpunkten die zweite Phase der Operation: „Die Menge der täglich in Verstecken aufgefundenen Buntmetalle erhöhte sich von etwa 52 Tonnen am ersten auf 792 Tonnen am neunten Einsatztag. Die beschlagnahmte Gesamtmenge Buntmetall reichte aus, um den Bedarf der Industrie (in der DDR, d.A.) für ein Jahr abzudekken."

Die verschärften Kontrollen an den Sektorenübergängen, ergänzt durch eine systematische Erkundung von illegalen Transportwegen, -mitteln und -methoden durch die Polizei, führen zur Eindämmung und schließlich zum Ende des organisierten Buntmetalldiebstahls. Die von der Justiz verhängten Gefängnis- und Zuchthausstrafen bewirken das ihre. Das Risiko ist nicht mehr mit Westmark aufzuwiegen.

Ein Nebeneffekt stellt sich auf dem Lebensmittelschwarzmarkt ein. Auch Mini-Schieber wie Otto und Anna, die Bauern aus dem Brandenburgischen, begreifen mehr und mehr, daß man sich am Tatort Sektorengrenze leicht die Finger verbrennen kann.

Pannewitz klaut zwei Millionen

In einer Tornische des Seitenflügels der Staatsbibliothek in der Charlottenstraße lehnt ein Mann. Hager, barhäuptig, den Mantelkragen hochgeschlagen. Er fröstelt in der feuchten Kälte.

Dieser Herbst des Jahres 1947 wird vielen Berlinern zum Verhängnis. Von tausend Einwohnern der Viersektorenstadt sterben seit Kriegsende im Jahresdurchschnitt 25 - doppelt soviel wie 1939. Die Tendenz steigt. Unter der verelendeten Bevölkerung grassiert Siechtum. Weit verbreitet ist die sogenannte Chinesische Bettlerkrankheit. Man erkennt sie an Hungerödemen, braunen Hautflecken und Ekzemen. Ursache ist die völlig unzureichende Ernährung. In manchen Betrieben fällt jeder dritte Arbeiter wegen körperlicher Schwäche aus.

Das Spandauer Volksblatt hat schon im Juli die trostlose Versorgungslage angezeigt: „Die Berliner haben keine Kartoffeln, womit sie den Magen füllen können. Eine Wassersuppe von den 80 Gramm Mehl am Tag (auf Lebensmittelkarte, d. A.) ist eben nur eine Wassersuppe."

Die Gedanken des Mannes in der Portalnische gehen in eine ganz andere Richtung. Wie gebannt starrt er unentwegt auf die gegenüberliegende Toreinfahrt. Diese führt zum Innenhof des langgestreckten Eckhauses Unter den Linden Nr. 10. Es reicht ein weites Stück in die Charlottenstraße.

In unregelmäßigen Abständen passieren, von Polizisten begleitet, geschlossene Lastwagen das Tor. Der Beobachter weiß um ihre Ladung: Geld, viel bares Geld. Die Einnahmen der Fern- und der S-Bahn. Das fünfstöckige Bürohaus beherbergt die Verkehrskasse der Deutschen Reichsbahn. Die mit Münzen und Banknoten prall gefüllten Säcke wandern in den Tresorkeller. Das Gewölbe des im Jahre 1911 erbauten Römischen Hofes ist mit einer neunzig Zentimeter starken Betonschicht armiert. Es gilt als absolut einbruchssicher.

Bis jetzt, denkt der Hagere bei sich. Denn der gelernte Schneider Walter Pannewitz hat schon seit langem Nadel und Schere mit dem Schneidbrenner und Einbruchswerkzeug wie „Knabber" und „Aufreiber" vertauscht. Er ist ein passionierter Safeknacker, ein „Schränker". Das hat dem Sechsundvierzigjährigen in der Vergangenheit bereits ein Dutzend Strafen und insgesamt dreizehn Jahre hinter Gittern eingebracht, aber auch Freunde aus der Zunft, auf die Verlaß ist. Ihre Hilfe wird er brauchen, um das Millionen-Ding zu drehen, das ihm vorschwebt.

Ein früherer Zellengenosse, der Makler Heinrich Müller, hat sich vor wenigen Monaten mit seiner Zentral-Immobilien GmbH im Bürohaus Unter den Linden Nr. 10 eingemietet. Knastbruder Pannewitz wird vorübergehend sein Partner. Auf die Dauer interessieren ihn Müllers Geschäfte jedoch nicht, das Haus um so mehr. Vom Bürofenster aus kann er beobachten, wie im Hinterhof unter Aufsicht eines Polizisten die Geldsäcke ausgeladen werden. Wenn die Löhne der Reichsbahn fällig sind, müssen Millionen darin stecken. Und die lagern dann im Tresor direkt neben dem Keller, der Müllers Firma gehört.

Das ist es, was ihn seit Monaten immer wieder aus seiner Schneiderstube in der Schöneberger Goltzstraße Nr. 21 in die Ruinenlandschaft zwischen Schloßbrücke und Brandenburger Tor treibt. Wie ein Jäger auf der Pirsch durchstreift er das Terrain und erkundet mögliche Zugänge und Fluchtwege. Prägt sich Ankunftszeiten und Häufigkeit der Geldlieferungen ein. Am Ende zieht er den Schluß, daß nur ein sicherer Weg ihn zu dem Millionenschatz führen kann: Unter der Erde - wie es die Schränker-Asse Franz und Erich Saß einst bei ihrem legendären Bankraub am Wittenbergplatz vorexerziert hatten.

Was damals, im Jahre 1929, unter den Augen einer straff organisierten und bestens ausgerüsteten Polizei gelang, sollte im gevierteilten Nachkriegsberlin, unter desolaten Ordnungsverhältnissen, erst recht klappen.

Der Gedanke läßt Walter Pannewitz, den Schneider mit dem Schneidbrenner, nicht mehr los. Er wird zu einer fixen Idee. Zu deren Verwirklichung macht er zwei Jahre nach dem ersten Blick auf die verlockenden Geldsäcke den ersten Schritt.

An einem Julitag 1949 trifft sich Pannewitz mit Müller und dessen neuen Kompagnon Karl Schwanitz in einem Café Unter den Linden. Zu ihnen gesellt sich Eduard „Eddi" Groß, auch ein Spezi aus der Vorkriegszeit mit einem Konto von mehr als fünfzig Bankeinbrüchen.

Und Pannewitz erläutert ihnen seinen Plan, vom Keller der Immobilienfirma in das Tresorgelaß einzudrin-

Eddi Gross, Erich Marggraf und Walter Pannewitz - die Superhirne, die den Einbruch in der Reichsbahnverkehrskasse ausheckten

gen. Zaghafte Bedenken der Makler überwindet er durch die in Aussicht gestellte großzügige Beteiligung an der Beute. Man wird sich handelseinig: „Das Millionen-Ding bringen wir auf die Rolle!"

Spitzenkönner müssen her, entscheidet Pannewitz. Er denkt dabei an Erich Marggraf, ebenfalls ein alter Bekannter, den sie damals König der Schränker nannten. Außerdem wird ein versierter Fachmann für Betonarbeiten gebraucht. Den besorgen Müller und Schwanitz in Gestalt des per Annonce angeheuerten Maurerpoliers Karl Engelter. Als Vorwand dient ein Auftrag für Stemmarbeiten in ihrem Bürokeller. Er hat seine Stärke mehr in den Fäusten als im Kopf - und eine Schwäche für hübsche Mädchen.

Pannewitz spürt, daß es Schwierigkeiten bereiten wird, den Ahnungslosen zum Mitmachen zu bewegen. Da bringt er den neununddreißigjährigen Möchtegern-Casanova mit der eigens für diesen Zweck engagierten Westberliner Edelnutte Evelyn zusammen. Mit dieser verjubelt der Polier bei einem nächtlichen Kudamm-Bummel Gelder, die er als Kassierer einer SED-Parteigruppe verwaltet. Hinterher behauptet Pannewitz, die Schöne sei eine amerikanische Agentin. Wenn das herauskäme, könne er, Engelter, sein Testament machen. Vor die Alternative gestellt „Wir oder zwanzig Jahre Sibirien“, widerstrebt der leichtsinnige Maurer nicht mehr. Er nimmt auch das reichlich bemessene Handgeld entgegen, mit dem er die Parteikasse auffüllen kann. Pannewitz ist zufrieden: „Jetzt sitzen wir im selben Boot. Wer allein aussteigt, säuft ab.“

Groß und Marggraf sind über den Neuen nicht begeistert. Ein unsicherer Kantonist, dieser Engelter. Einer, der gleich umfällt, wenn ihn die Polente bloß anhustet. Schmeißt womöglich nachher mit dem Zaster so um sich, daß wir alle hochgehen. Ihr Murren läßt Pannewitz kalt. „Hat einer von euch Maurer gelernt? - Na also, wir brauchen den Mann.“

Mister Sesam-öffne-dich

Eddi Groß hat noch etwas auf dem Herzen. „Wir kennen den Tresor-Typ nicht. Wenn wir das Ding nicht aufkriegen, ist alles umsonst. Ich meine, Maxe müßte mitmachen. Der kriegt jede Geldbox auf.“ Marggraf teilt diese Ansicht. Max Mikulla kennen sie alle drei. Mit ihm haben sie schon einige Dinger gedreht. Das ist allerdings lange her. Mikulla ist jetzt siebzig Jahre alt. Er fristet sein Leben mehr schlecht als recht von einer kleinen Rente in einer Behausung in Prenzlauer Berg, Isländische Straße Nr. 13. Und doch galt Maxe einmal als der größte in der Zunft der Schränker.

Max Mikulla war „ein Virtuose, der mit jedem Geldschrank umzugehen verstand", schreibt später der „Stern"-Autor Henry Kolarz (Nr. 16/1959) über den Altmeister: „Als Junge war er mit seinen Eltern aus Kattowitz nach dem Weddinger Kiez im Berliner Norden gekommen ... Mikullas erste Straftaten fielen noch ins vorige Jahrhundert. Als Siebzehnjähriger wurde er bei einem Schaufenstereinbruch erwischt. Als er eine Strafe im Jugendgefängnis abgebüßt hatte, riß der kleine Max mit acht Mark, die er seiner Mutter aus der Handtasche gestohlen hatte, nach Holland aus. Von dort trampte er weiter nach Genua, wo er tagelang am Pier saß und von Amerika träumte, dem Land der damals noch unbegrenzten Möglichkeiten."

Mikulla erreichte New York als Hilfsmatrose auf einem Frachter und gelangte dann per Güterzug nach Chikago. Gelegenheitsarbeiten als Bauhelfer und Barkellner brachten ihn mit der Chikagoer Unterwelt in Kontakt. Sie wurde seine Welt: „Dort lernte er von der Pike auf das Handwerk des Einbrechens an ‚Vorbildern', wie sie ihm im bürgerlich-wilhelminischen Deutschland nie geboten worden wären. Seine Lehrzeit dauerte neun Jahre. Dann, im Jahre 1910, war er ein perfekt ausgebildeter Einbrecher, und die amerikanischen Behörden beeilten sich, ihn als unerwünschten Ausländer nach Deutschland abzuschieben. Immerhin hatte Mikulla genügend ‚Ersparnisse' in Amerika gemacht, um sich nun am Wedding als Geschäftsmann niederzulassen. Er besaß in der Müllerstraße einen Stummfilm-Kinematographen und ein Zigarrengeschäft. Nebenbei - gewissermaßen als Hobby - ging er einbrechen, wurde erwischt und erhielt im Jahre 1912 zwei Jahre Zuchthaus."

Nach geltendem Recht durfte der Ex-Zuchthäusler 1914 nicht für Kaiser und Reich in den Krieg ziehen, was ihn keineswegs kränkte. Die Zeichen der Zeit erkennend, verkaufte er Kintopp und Zigarrenladen und sicherte sich eine verlotterte Schweißerwerkstatt. Die krempelte Mikulla zu einem Rüstungsbetrieb mit zuletzt mehr als hundert Beschäftigten um. Kurz vor dem Zusammenbruch der kaiserlichen Hoffnungen auf einen Siegfrieden gab der nüchtern kalkulierende Moneymaker die Rüstungsschmiede ab. Erlös: 250 000 Reichsmark.

Doch die waren dann in der Inflation von 1923 nicht einmal ihr Papier wert.

Henry Kolarz: „Nun gab es nichts mehr, was ihn von seinem einzigen wirklich erlernten Beruf - dem Einbrechen im großen Stil, ablenken konnte. Mikulla spezialisierte sich auf Geldschränke aller Kaliber. Fachkenntnisse im Umgang mit den stählernen Festungen hatte er mehr als jeder andere. Die Akademie des Verbrechens hatte er in Chikago besucht - die handwerkliche Praxis hatte er sich in seinem Schweißereibetrieb angeeignet."

In der Zunft der deutschen Geldschrankknacker stand Max Mikulla bald im Ruf eines „Mister Sesam-öffne-dich", dem kein Tresor widerstehen konnte. Er weihte in den zwanziger Jahren fast alle Berliner Safeeinbrecher von Rang in die diffizile Kunst des „warmen Bruchs" (mittels Schweißgerät und des „kalten" mit Spezialwerkzeugen) ein. Die Akteure des Millionen-Dings gehörten zu seinen Meisterschülern.

„Obwohl den alten Mikulla nun schon seit einiger Zeit das Zipperlein plagte, konnte auch er dem Reiz nicht widerstehen, mit seinen ehemaligen Schülern das Ding seines Lebens zu drehen. ‚Wenn ick nich dabei bin, looft die Chose nich richtich‘, sagte der Nestor der deutschen ‚Schränker‘. ‚Ick weeß zwar nich, wat ick off meene ollen Taje noch mit dem janzen Zaster soll, wo ick doch höchstens noch'n paar Jährchen abzureißen hab‘. Aber det eene weeß ick: Ohne Maxe Mikulla jeht so een Bruch in Berlin nich über de Bühne.‘ Mit Max Mikulla war die Mannschaft komplett.“

Silvesterabend 1949. Berlin an der Wende eines ereignisreichen und schicksalsschweren Jahres. Blokkade und Luftbrücke sind vorbei. Doch der Zweiteilung der Hauptstadt in feindliche Lager ist nun das ganze Land verfallen.

Noch weiß niemand, was das für die Zukunft bedeuten wird: Deutsche Demokratische Republik - Bundesrepublik Deutschland. Zwar ist das Leben in den Westsektoren befreit von Stromsperren und Kohleknappheit, von der Tristesse der Büchsenfleisch-Kartoffelpulver-Trockengemüse-Rationen und im Ostsektor keimt zage Hoffnung, daß es im „ersten deutschen Arbeiter- und Bauernstaat“ aufwärts gehen werde. Dennoch bewegt an diesem Silvesterabend viele Berliner die bange Frage: Was soll aus der zur Insel gewordenen einstigen Hauptstadt des Reiches werden?

In einer Wohnstube in der Schöneberger Goltzstraße zerbricht man sich aber darüber nicht den Kopf.

„Mach mal das Gedöns aus“, ruft Pannewitz in bester Stimmung. Eddi Groß beugt sich zum Radio. Die in betulichem Schwäbisch gehaltene Neujahrsansprache des Bundespräsidenten Dr. Theodor Heuß verstummt.

„Prost - auf gutes Gelingen“. Erich Marggraf, der Dritte in diesem Bunde, hebt ermunternd sein Glas.

„Das walte Justav“, lacht Pannewitz und stößt so heftig an, daß sein Glas splittert. „Macht nix, Scherben bringen Glück. Nach Neujahr schwimmen wir in Kies, Hand drauf!“

„Wird auch Zeit, Walter. Bis jetzt haben wir nur blechen müssen.“ Marggraf, Inhaber eines Pharmazie-Großhandels, finanziert das geplante Unternehmen. „Die beiden hydraulischen Wagenheber allein werden ’ne Stange Geld kosten, und das Schweißgerät gibt’s auch nicht umsonst.“ - „Hilft alles nichts“, fällt Groß ein. „Ohne die Wagenheber können wir einpakken. Neunzig Zentimeter Eisenbeton sind keine Sardinenbüchse.“

Pannewitz ergreift das Wort: „Du bekommst deine Kröten doppelt und dreifach wieder, Erich. Das Ding ist bestens ausbaldowert. Ich erklär’s euch nochmal: Im Keller wird ein Loch geschachtet, etwa zwei Meter tief. Von der Sohle buddeln wir dann einen waagerechten Stollen - ungefähr drei Meter lang - bis unter den Fußboden des Tresors. Und den knacken dann die Wagenheber.“

Es ist später Abend, als ein schwarzer Mercedes V 170 in der menschenleeren Charlottenstraße hält. Unmittelbar neben dem Portal, von dem aus Pannewitz seine Beobachtungen vornahm. Unter seiner Führung machen sich Groß, Mikulla und Engelter, beladen mit Schanzzeug, auf den Weg. Schmutziggrauer Schnee knirscht unter den Füßen. Der eisige Nachtwind trägt von weitem verschwommene Klänge einer Marschmusik heran. Ostberlin feiert an diesem 3. Januar 1950 den Geburtstag des ersten Präsidenten der neuen Republik.

Pannewitz wendet sich zu Engelter. „Ist wohl'n Ständchen für euren Landesvater, den Jenossen Willem Pieck, was?“

Der Maurer schweigt. Er hat ein schlechtes Gewissen. Aber jetzt ist es zu spät. „Wer allein aussteigt, säuft ab“, hatte Pannewitz gesagt. Eine deutliche Warnung.

Die vier Eindringlinge tappen über ein Ruinengrundstück, das an die Eisenbahnverkehrskasse grenzt. Von dort gelangen sie unbemerkt in den Keller der Immobilienfirma. Schweigend warten sie, bis über ihnen im Erdgeschoß die Schritte des Nachtwächters verhallt sind.

Dann geht Engelter im Licht dreier Taschenlampen mit dem Meißel ans Werk. Der asphaltierte Boden gibt unter wenigen Hammerschlägen nach. „Nimm die Schaufel“, drängt Pannewitz. Die Erde ist hart, aber der kräftige Polier kommt gut voran. Er steckt schließlich fast bis an den Hüften in dem ausgehobenen Loch. Die anderen scharren den Aushub beiseite.

Plötzlich hört Engelter auf zu graben. Er beugt sich tief hinunter, als suche er etwas zu ergründen. Dann klettert er schwerfällig aus der Grube.

„Was ist los!?“ Das Licht der drei Taschenlampen erhellt die Tiefe. Fassungslos sehen die Männer, wie die schwarze Erde zerbröckelt und aufweicht. Erst in dünnen Fäden sickernd, dann wie aus einem Quell glucksend, füllt sich das Loch allmählich bis zum Rand mit Wasser. Das beginnt überzuschwappen, netzt schon die Schuhe der ungläubig Starrenden. „Grundwasser!“ Der Maurer wirft die Schaufel hin und zuckt hilflos die Schultern.

Walter Pannewitz erfaßt die Lage. „Also Endstation“, sagt er knapp. „Aber nur für heute. Könnt euch drauf verlassen!“

Angstpartie im Abstellraum

Ein paar Tage später trommelt Pannewitz seine Leute zusammen. Er setzt ihnen den neuen Plan auseinander: „Wenn wir nicht von unten an den Tresor 'rankommen, dann eben von oben. Durch die Decke.“ Zur Ausführung will er nochmals die Makler Müller und Schwanitz heranziehen. Doch daraus wird auch nichts.

Am 31. Januar 1950 werden die beiden Herren in Handschellen aus ihrem Büro ins Ostberliner Polizeipräsidium abgeführt. Der Schreck ist groß, währt aber nur kurz. Die Sorge der Pannewitz-Truppe, die Vopo könnte hinter ihre Schliche gekommen sein, erweist sich als unbegründet. Die beiden Makler wandern wegen Schiebungen mit Buntmetall ins Kittchen. Ihre Firma wird dichtgemacht.

Auch dieses Fiasko kann Pannewitz nicht von seinem Plan abbringen. Mit dem Grundriß des Römischen Hofes längst vertraut, mietet er von der arglosen Hausverwaltung einen Abstellraum direkt über dem Tresorkeller. Das Einbrecher-Quartett geht erneut an die Arbeit. Finanzier Marggraf übernimmt es, die Komplizen und deren Werkzeug abends in die Charlottenstraße zu fahren und beim Morgengrauen dort wieder abzuholen.

Wochen vergehen ohne nennenswerte Fortschritte. Die Eisenbetondecke des Tresorgewölbes ist ebenfalls fast einen Meter stark. Es wird nur jeweils zwei Stunden und nicht jede Nacht gearbeitet, um keinen Verdacht zu wecken. Weitere Verzögerung entsteht, weil das Loch immer wieder mit dem anfallenden Schutt ausgefüllt werden muß.

Trotz all dieser Vorsichtsmaßnahmen hört der Hausmeister eines Nachts verdächtige Geräusche. Im Haus Unter den Linden Nr. 10 wird es plötzlich laut. „Polente“, flucht Pannewitz.

Mikulla, der dem schuftenden Maurer mit Taschenlampe und Ratschlägen zur Seite steht, zerrt eilig die als Licht- und Lärmschutz dienende Steppdecke von Engelters Schultern. Sie kaschieren das Loch mit ein paar herumliegenden Brettern und verschwinden in einem vorbereiteten Versteck aus Kisten und Gerümpel. Keine Sekunde zu früh.

Schwere Tritte nähern sich. Der Schlüssel des Hausmeisters klirrt im Schloß. Durch die geöffnete Tür fällt ein Lichtschein. Zwei Volkspolizisten sehen sich flüchtig um. „Na, Opa, hier is doch nischt zu klauen. Da werden wohl bloß ’n paar Ratten jehustet ha’m.“

Lachend verlassen die beiden den Raum. Der Hausmeister protestiert: „Wat ick jehört hab’, det hab’ ick jehört!“ Umsonst. Die Schritte entfernen sich. Nach einer kurzen Weilse hören die in ihrem Versteck Hokkenden, wie der „Toni“-Wagen der Funkstreife davonfährt.

„Det war dichte dran“, schnauft Mikulla und wischt sich die Stirn. „Leute, det könnt’ ihr uff meene ollen Taje nich mehr verlangen. Ich steije aus.“

Engelter, leichenblaß auf einer Kiste sitzend, pflichtet ihm bei. „Macht mit mir, was ihr wollt. Ick schaff' det nich. Bin schon so keen Mensch mehr. Immerzu denken, jetzt greifen'se dir - det halten meine Nerven nich aus."

Auch Eddi Groß macht ein bedenkliches Gesicht.

Pannewitz sieht sich seine Kumpane an. Für heute sind die fertig, denkt er. „In Ordnung, Männer. Wir legen mal 'ne Pause ein. Der Hausmufti hier soll erst mal wieder zur Ruhe kommen."

Die erzwungene Pause wird lang. Zu lang für Pannewitz. Nach nutzlosen Verhandlungen sind Mikulla und Engelter wirklich abgesprungen. Groß und Marggraf, in eigenen Angelegenheiten aktiv, haben sich rar gemacht. Sollen die zigtausend Mark, die das Millionen-Ding bisher gekostet hat, umsonst verpulvert sein?

Nie und nimmer, schwört Pannewitz. Es gibt in Berlin genug Schränker von Format, die sich nach einem solchen Super-Bruch alle zehn Finger lecken. Doch die sind teuer und wollen erst mal Knete sehen. Da ist guter Rat teuer.

Ob er den „Bruch seines Lebens" aufgegeben hat, fragen sich Eddi Groß und Erich Marggraf, als sie monatelang nichts vom Boß hören. Doch eines Tages im Frühjahr 1951 taucht er bei ihnen auf. Redegewandt überzeugt er die Kumpane, daß die „Chose jetzt reif" sei. Nach so langer Zeit würde sie niemand in der Abstellkammer vermuten oder gar suchen.

„Die Sache hat bloß einen Haken. Wir brauchen ein bißchen Kleingeld, versteht ihr. Für zwei, die mitmachen wollen. ‚Muhme' Geiß, den kennt ihr ja, und dann mein alter Jugendfreund Wilhelm Kremmin, auch einer von uns."

Groß überlegt einen Augenblick. „Ich denke, da läßt

sich 'was arrangieren. Ich habe neulich 'n Tip von einem Grenzgänger aus dem Osten bekommen. Der arbeitet bei einem Fleischer in Kreuzberg. Am Wochenende hat der immer ‚dicke Marie' im Laden. Also, der Junge - Striese heißt er - ist klamm und scharf auf Westpiepen. 'Ne Skizze vom Ladenbüro mit dem Wandsafe hat er mir schon auf Vorschuß gegeben."

„Klingt gut", nickt Pannewitz. Marggraf grient: „Dann wollen wir doch mal den Schlächtermeister ein bißchen abspecken." Friedrich Romanns Fleischerei in der Kreuzberger Wrangelstraße Nr. 83, nahe der Sektorengrenze, hat viel Kundschaft. So kommen am Wochenende öfters beträchtliche Einnahmen zustande. Erst am Montag kann der Meister das Geld zur Bank tragen. Bis dahin liegt es im Wandsafe des Büros, in dem er vorsichtshalber die Wochenendnächte verbringt, obwohl er seine Wohnung im selben Haus hat.

Doch am 27. Mai 1951, einem Sonntag, wird Meister Romann samt Familie den Schwiegereltern in Mahlsdorf einen Besuch abstatten, weiß sein Geselle Striese, der Tipgeber. Während die Schlächterfamilie frohgemut im Auto nach Osten rollt, kutschiert Marggraf das Einbrecher-Team zum Schlesischen Tor. Niemand der unzähligen Spaziergänger und Ausflügler in der Nähe des Sektorenüberganges Oberbaumbrücke achtet auf die drei Männer in zünftigen Overalls, die mit Schweißgerät und Gasflaschen beladen, die Tür des Fleischerladens öffnen. Mit einem Dietrich. Auch das bemerkt keiner.

Pannewitz, Marggraf und Groß lassen sich Zeit. Sie inspizieren das reichliche Wurst- und Schinkenangebot im Kühlraum und nehmen ausgiebige Kosthappen zu sich. Den Wandsafe im Büro finden sie dank der Skizze auf Anhieb.

Pannewitz greift zum Schneidbrenner. Zischend und funkensprühend frißt sich die Flamme durch die stählerne Tür. Groß hilft mit Stemmeisen und Bohrer nach.

„Du dicke Neune, der Wurstladen muß ja ‘ne wahre Goldgrube sein“, begeistert sich Marggraf beim Anblick der Geldbündel und witzelt: „Der Fischzug beim Fleischer lohnt sich“. 22 000 DM-West und 26 000 DM-Ost wechseln den Besitzer. Das Trio verschwindet am hellen Nachmittag wie es gekommen ist. Unbemerkt und unbeobachtet.

„Das war ja eigentlich mehr ’was für ’n Anfänger“, wehrt Pannewitz auf dem Heimweg jedes Lob ab. „Die Sparbüchse hätten wir auch kalt geknackt.“

Er ahnt noch nicht, daß ihm der Griff zum Schneidbrenner einen Strich durch die Rechnung gemacht hat. Und nicht nur ihm allein. Zwei Tage nach dem gelungenen Bruch in der Wrangelstraße werden die Kunden des Postamtes W 15 in der Lietzenburger Straße (Charlottenburg) Zeugen eines ungewöhnlichen Zwischenfalls: Ein älterer Herr, mit unauffälliger Eleganz gekleidet, schiebt dem Schalterbeamten ein dickes Bündel Zwanzig-Mark-Scheine über den Tisch. „Eine Einzahlung auf mein Konto, bitte“, sagt er höflich. Der Beamte nickt, nimmt das Bündel und blättert es gewohnheitsmäßig durch. Dabei stutzt er für den Bruchteil einer Sekunde und drückt - für den Kunden nicht sichtbar - auf einen Knopf. Dann beginnt er sorgfältig die Banknoten zu zählen. Als er damit fertig ist, legt sich eine Hand auf die Schulter des Einzahlers. Die Hand eines Polizisten.

Der Gent erschrickt und sieht sich um. An der inzwischen verschlossenen Tür steht ein zweiter Polizist. Da läßt Erich Marggraf sich achselzuckend abführen. Pannewitz ist wieder um einen Spießgesellen ärmer. Durch eigenes Verschulden.

Geblakte Scheinchen

Den kalten Bruch mit dem Schränkerwerkzeug beherrscht Pannewitz aus dem Effeff. Beim warmen Bruch mit dem Schweißgerät, macht er dagegen Fehler. Dabei hinterläßt er Spuren, die dem Kriminalkommissar Bauer und dem Kriposekretär Wandtke auffallen.

In dem Buch „Meister der Kriminalistik“ wird beschrieben, wie die Männer von E I/2, der Inspektion 2 im Einbruchsreferat West, bei der Untersuchung des Tatortes auf die richtige Fährte kommen: „Warm geöffnet“, stellt Wandtke fest. „Saubere Arbeit, nur hat der Schränker zuwenig Sauerstoff gegeben.“

„Also geblakt“, ergänzt Bauer und nickt zustimmend. „Da müßte Geld angesengt sein. Da können wir einhaken.“

Im Polizeipräsidium gehen sofort Fernschreiben an alle Dienststellen, Behörden und Geldinstitute: „Wenn Angesengte eingezahlt werden, den Überbringer sofort festnehmen lassen und die Kriminalpolizei benachrichtigen.“

So geriet der ansonsten gerissene Ganove Marggraf mit seinen an den Rändern geschwärzten Geldscheinen in die Falle. Aber er mimt den Ahnungslosen, will die verräterischen Banknoten von einem flüchtigen Bekannten zur Aufbewahrung erhalten haben. Dessen Name? Er kann sich momentan nicht erinnern. Wie gesagt, nur eine flüchtige Bekanntschaft. Alles Drehen und Wenden verfängt nicht. In der Friesenstraße ist sein umfangreiches Vorstrafenregister bekannt. Bauer und Wandtke sind daher anfangs sicher, den Anführer des Tresoreinbruchs in der Wrangelstraße erwischt zu haben. Marggraf bleibt in Untersuchungshaft.

Bei der Suche nach Komplizen bekommt Wandtke aus der Unterwelt einen heißen Tip: Marggraf soll das beim Geldraub benutzte Schweißgerät bei einem Freund aus frühen Ganoventagen, nur bekannt als Wannseer Walter, untergestellt haben. Der wird als Betreiber eines Fuhrunternehmens in Steglitz ermittelt.

Bei der Haussuchung stoßen Wandtke und sein Kollege Gollnik in einem Speicherversteck auf das corpus delicti. Der Fuhrmann will zunächst nicht aussagen. Konfrontiert mit seiner kriminellen Vergangenheit und einer in Aussicht stehenden hohen Strafe wegen Begünstigung, wird er jedoch weich. Die Namen Groß und Pannewitz fallen. Er verspricht auch, mit der Kripo zu kooperieren.

Als die beiden Einbrecher eines frühen Morgens bei ihm auftauchen, um das „warme Zeuch“ abzuholen, findet er Ausflüchte und verständigt die Polizei: „Heute mittag kommen'se wieder. Ohne Wagen kriejen'se det Jerät nich vom Hof. Und 'n Wagen ha'ick erst jejen einse frei, ha'ick se jesacht.“

Mit einem Kleinbus ohne die auffällige Polizeinummer 002 ziehen Wandtke und Gollnik los. An einer Bus-Haltestelle in der Steglitzer Siemensstraße, kurz vor der Brücke über den Teltow-Kanal entdekken sie unversehens Eddi Groß. Doch auf der anderen Straßenseite kommt ihnen schon der Bus entgegen. Jetzt geht es um Sekunden, schildert Henry Kolarz den weiteren Verlauf:

„Schnell wenden!" schrie Wandtke. „Wir müssen vor dem Bus an der Haltestelle sein!"

Der Fahrer riß das Steuer herum. Rumpelnd fuhr der Wagen über die Bordschwelle und raste zurück. Hundert Meter vor der Haltestelle überholten sie den Linienbus. Die Reifen quietschten, die Bremse knirschte... Mit einem harten Ruck hielt der Wagen. Genau vor der Haltestelle.

Wandtke und Gollnik sprangen heraus, packten den überraschten Eddi Groß am Arm und zerrten ihm zum Wagen. Groß bockte wie ein wildes Pferd. Wandtke stellte ihm ein Bein. Groß stürzte und biß, während er wütend um sich schlug, Wandtke in die Wade.

Die beiden Kriminalisten rissen ihn hoch und stießen ihn in den Wagen. Einige Frauen an der Haltestelle begannen zu kreischen, ein älterer Herr schwang drohend seinen Spazierstock. Aber er hatte keine Gelegenheit mehr zum Eingreifen. Kaum zehn Sekunden hatte der Kampf gedauert.

Und niemand beachtete den schmächtigen Herrn, der abseits der Haltestelle sein schneeweißes Gesicht hinter einer Zeitung zu verbergen suchte."

Walter Pannewitz ist verspätet am vereinbarten Treffpunkt aufgetaucht. Er wird nun Augenzeuge der Verhaftung seines Spießgesellen und setzt sich zu einer Freundin ab. In den nach Lage der Dinge sicheren Ostsektor. Dennoch ist ihm blümerant zumute. Wenn Eddi singt, ist das Millionen-Ding im Eimer.

Doch Wandtke bekommt aus dem vierundfünfzigjährigen Berufseinbrecher nur heraus, woher der Tip zum Bruch in der Wrangelstraße kam, und daß Pannewitz den Safe aufgeschnitten hat.

„Wandtke hat eine Skizze bei Groß gefunden, aber der Einbrecher verweigert darüber jede Auskunft. Sie stellt zwei in einer Ecke übereinander greifende Rechtecke dar. Wandtke zerbricht sich vergeblich den Kopf darüber. Er kann die Lösung nicht finden, und so legt er die Skizze zu den Akten." („Meister der Kriminalistik")

Walter Pannewitz ist unauffindbar. Und die Festnahme des Tipgebers Striese bringt sie auch nicht weiter. Nutznießer wird dessen beraubter Meister. Strieses Ehefrau hat ausgesagt, daß ein Teil des geraubten Geldes in einem Päckchen über ihrem Küchenherd versteckt ist. Aber die Wohnung in der Revaler Straße liegt jenseits der Sektorengrenze. Das bedeutet - unzugänglich für die Kripo aus den Westsektoren.

Doch Kriminalkommissar Adolf Bauer, der Chef von E I/2, der Dienststelle für Geldschrank- und Geschäftseinbrüche, ist - so Henry Kolarz - ein „virtuoser Meister in kleinen Listen". Von ihm erfährt Fleischermeister Romann ganz beiläufig, wo sich ein Teil seines Geldes befindet.

Der ergreift die Chance, macht sich sofort auf den Weg und schwatzt der schwerhörigen Mutter der Geständigen das kostbare Päckchen ab. Die Tochter warte darauf in seinem Laden in Westberlin. Beim Rückweg über die Ost-West-Scheide Oberbaumbrücke zittern ihm die Knie. Wenn ihn nun die Vopos kontrollieren und das Päckchen mit der für sie ungesetzlichen Westmark finden? Er wagt nicht weiter zu denken. Aber da wird er schon im Fußgängerstrom auf die Brücke gedrängt. Die vor Romann gehende Frau wird vom Posten angehalten. Sie muß ihre Markttasche öffnen. Den Fleischermeister läßt er nach einem flüchtigen Blick ohne weiteres passieren.

Romann hat etwas mehr als 3 000 Westmark retten können. Viel mehr wird er von den insgesamt 48 000 Mark aus seinem Wandsafe nicht wiedersehen.

Erleichtert ruft er beim Chef von E I/2 an. „Ich möchte mich ganz herzlich bedanken, Herr Bauer. Es hat geklappt." Der Kommissar nickt zufrieden vor sich hin, stellt sich aber unwissend. „Was meinen Sie, es hat geklappt"

„Na mit dem Geld, Strieses Anteil. Über dreitausend Mark sind es. Das war wirklich ein guter Ratschlag, wenn mir auch die Hosen ganz schön geflattert haben."

Bauer spielt weiter den Ahnungslosen. Er hat wieder einmal - wie man ihm nachsagt - „etwas außerhalb der Legalität" gehandelt. „Das freut mich für Sie, Herr Romann. Doch von einem Ratschlag weiß ich nichts. Ich habe Ihnen nur mitgeteilt, was wir inzwischen in Erfahrung gebracht haben. Wenn Sie auf eigene Faust Ihr Geld aus dem Osten zurückgeholt haben, ist das allein Ihre Privatsache." Jetzt dämmert es dem Meister. „Verstehe, Herr Bauer. Trotzdem, ich danke Ihnen."

Der Kriminalkommissar legt den Telefonhörer auf. Wenn es immer so verhältnismäßig einfach wäre, den schweren Jungs die Beute abzujagen!

Adolf Bauer ist einer der fähigsten Fahnder dieser Jahre in Berlin. „Dieser schlanke, brünette Mann mit dem energischen Gesicht und den von Intelligenz zeugenden Händen, kennt die Berliner Unterwelt aus jahrzehntelanger Erfahrung, die Verbrecher und Hehler, ihre Kaschemmen und Ringvereine", beschreibt ihn Wolfgang Heinrich in „Meister der Kriminalistik".

„Paps" nennen die zwölf Kriminalbeamten von E I/2 ihren kollegialen und loyalen Vorgesetzten. Seit 1949 hat er mit ihnen schon eine ganze Serie schweren Geldraubs geklärt. Er wird bald den größten Bruch der Berliner Kriminalgeschichte zu lösen haben.

Fünf Stunden bis zum Tresor

Pannewitz ist wieder rührig. Alle Anzeichen sprechen dafür, daß Eddi die Klappe hält. Mit beispielloser Dreistigkeit nimmt er im Sommer 1951 die Arbeiten in dem Abstellraum auf, aus dem er vor Jahresfrist verscheucht wurde. Diesmal sind Geiß und Kremmin mit von der Partie. Darüber vergeht der Herbst. Anfang November trennen nur noch weniger Zentimeter die Schränker von der langersehnten Beute. Kremmin besorgt jetzt von einem ihm bekannten Schlosser das wichtigste Hilfsmittel: ein Schweißgerät.

Pannewitz geht wieder seiner Lieblingsbeschäftigung nach - der Beobachtung der Geldanlieferungen. Eines Tages teilt er den beiden bei einem Kneipentreff mit: „Heute habe ich vierzehn Geldsäcke gezählt! Morgen steigt das Ding!"

Am Abend des 6. November 1951 fährt in der Charlottenstraße ein geschlossener Lieferwagen vor. Drei Männer steigen ohne Eile aus. Kremmin schlendert in Richtung Unter den Linden. Hält kurz Ausschau. Der Boulevard, blinkend vor Regennässe, ist wie leergefegt.

Der Einbruch der Pannewitzbande in die Reichsbahnkasse gab 1989 den Stoff für den DEFA-Film "Der Bruch" mit Rolf Hoppe (Mitte), Otto Sander (links) und Götz George (rechts)

Kremmin gibt das vereinbarte Handzeichen. Pannewitz und Geiß schultern das Werkzeug, greifen die Stahlflaschen.

Es ist kurz nach 21 Uhr, als das Trio den Abstellraum erreicht. Kremmin wird auf Schmiere geschickt. Pannewitz und Geiß stemmen die kaum noch sechs Zentimeter starke Decke zum Tresorgewölbe durch. Nach zwei Stunden zerbröckelt die letzte Betonschicht.

Doch wieder stoßen sie auf ein Hindernis. Die aufgestemmte Öffnung ist für Geiß, den exzellenten Fachmann für warmes Safeknacken zu eng. Aber der schlankere Pannewitz kann sich nackt an einem Feuerlöschschlauch nach unten zwängen. Dann aber gräbt sich der Flammenstrahl des Schneidbrenners in den Panzerstahl. Nach einer Stunde sieht sich Pannewitz am Ziel: In dem aufgeschnittenen Geldschrank liegt, gebündelt und gestapelt, ein Vermögen!

„Aber das Geld kann ihn nicht verwirren“, beschreibt Wolfgang Heinrich die Gefühle des routinierten Einbrechers. „Mechanisch arbeitet er weiter. Er reicht den Brenner und das übrige Werkzeug nach oben zurück. Dann sieht er sich im Tresorraum um. Wie bestellt, liegen mehrere Geldsäcke bereit. Automatisch packt er das Geld aus dem Schrank in die Säcke und schleppt sie unter das Loch. Jetzt läßt Geiß einen Strick hinunter, an dessen unterem Ende ein Fleischerhaken befestigt ist. Geldsack auf Geldsack befestigt Pannewitz an dem Haken, und Geiß zieht die Beute nach oben. Noch ein Blick wirft Pannewitz auf sein Meisterwerk. Ein glückliches Lächeln liegt auf seinem schmalen Gesicht. Dann turnt er an dem Feuerschlauch wieder an die Oberwelt.“

Die ganze Aktion hat fünf Stunden gedauert. Nun brauchen sie nur noch zehn Minuten, um den Schatz in ein sicheres Versteck zu schaffen. Das ist ein vorsorglich gemieteter Abstellraum in der nahen Klosterstraße Nr. 93. Dort lagern nun 1 693 625 Ostmark und 224 631,70 Westmark. Todmüde, aber hochgestimmt, verbringen Pannewitz und seine Helfershelfer den Rest der Nacht in ihren Schlupfwinkeln im Ostsektor.

Anderntags teilen sie die Beute. Den Löwenanteil kassieren die drei Hauptakteure. Wohlweislich knausert Pannewitz nicht mit Schweigegeld. „In einem kleinen Café ... erhält der Maurerpolier (Engelter, d. A.) von Kremmin einen Pappkarton voller Geld überreicht: 80 000 Ost- und 8 000 Westmark. Mikulla, der an den entscheidenden Tagen krank war, streut Geiß den gleichen Betrag auf die Bettdecke. Kaum ist Geiß fortgegangen, zählen Mikullas den Anteil nach. Dann entfernt der ‚Altmeister' die Banderolen und verbrennt sie. Das Geld bringt er zu einer Bekannten nach Westberlin. Auch die beiden Inhaber der ‚Immobilien GmbH' (Müller und Schwanitz, d. A.) werden nicht vergessen. Davon bekommt die Unterwelt Wind und erpreßt einen der Schweigegeldempfänger schwer. Für das auf wenige Stunden verliehene Schweißgerät kassiert der Schlosser (Willi Piratzki, d. A.) 2 300 DM" (Wolfgang Heinrich).

Allen Helfershelfern wird eingeschärft, sich nicht mit ungewöhnlich großen Geldausgaben oder kostspieligen Anschaffungen verdächtig zu machen. Mit äußerster Vorsicht gehen Pannewitz, Geiß und Kremmin beim Abtransport des persönlichen Beuteanteils zu Werke. Den größten Teil der Ostmark-Banknoten schaffen sie - eingenäht in die Sitzpolster des Lieferwagens - über die Sektorengrenze. In Westberlin wird das Geld in verschiedenen Wechselstuben gegen harte Währung getauscht.

Kremmin, der im Ostsektor wohnt, treibt die Vorsicht auf die Spitze. Hatte er sich schon für den Abtransport der Gelder aus der Klosterstraße mit grüner Leinenschürze und Ballonmütze als Gepäckträger maskiert, erscheint er nun als Friedhofsgärtner. Am Grabe seiner Tochter auf dem Sophien-Friedhof an der Invalidenstraße verbuddelt er zwei Kassetten mit 50 000 Westmark.

Doch das Millionen-Ding bleibt vom Pech verfolgt. Ein von Pannewitz übersehener Helfer wird der Bande zum Verhängnis, vermerkt Wolfgang Heinrich: „Der Mann, der die Steinbohrer besorgt hat, erscheint bei Kremmin, trifft aber nur den Schwiegersohn an. Der läßt sich auf nichts ein und schickt den Mann wieder weg. Als Kremmin das erfährt, beauftragt er seine Tochter, dem Steinbohrerlieferanten einen Geldbetrag nach dem Westsektor zu bringen. Es ist bereits zu spät. Der hat inzwischen schon eine anonyme Anzeige in den Postkasten geworfen."

Adressiert ist die Denunziation an die Ostberliner Polizei. Dort herrscht wegen der Situation in der geteilten Stadt noch Ratlosigkeit. Am 7. November in aller Frühe ist der Einbruch im Tresorkeller der Reichsbahnkasse entdeckt worden. Solch einen Coup hat es seit dem Bruch der Brüder Saß im Jahre 1929 in Berlin nicht mehr gegeben. In der ersten Aufregung gerät sogar der Chef der Eisenbahnverkehrskasse in den Verdacht der Mittäter- oder Mitwisserschaft. Es ist strengstes Stillschweigen angeordnet. Das Milieu wird in Großrazzien nach einschlägig Vorbestraften durchkämmt. Erfolg gleich Null.

Erst zwei Tage nach der Entdeckung des Verbrechens wird die Öffentlichkeit informiert. Am 10. November 1951 erscheint die Morgenpresse in den Westsektoren mit der dicken Schlagzeile „Millionen-Bankeinbruch im Ostsektor!" Die Polizei im Westen ist völlig überrascht. „Im Präsidium in der Friesenstraße schlägt die Meldung wie eine Bombe ein", gibt Wolfgang Heinrich die dortige Reaktion wider. „‚Was sagen Sie dazu', tobt Kriminalkommissar Bauer und schiebt Obersekretär Wandtke und Kriminalsekretär Gollnik die Morgenzeitung hin. ‚Wenige Kilometer von uns wird das größte Ding gedreht, und wir erfahren kein Wort.‘ “

Die Gründe dafür kennen alle drei. Den Kollegen auf der anderen Seite binden Staats- und Parteiräson die Hände. Beim Auftreten von Straftaten geht es meist nach dem Motto: „Es kann nicht sein, was nicht sein darf“. Doch das Kapitalverbrechen im Reichsbahn-Tresor erzwang eine Aussetzung dieses Tabus. Am 11. November präsentiert ein Abgesandter der Kripo Ost in der Friesenstraße die Tatortfotos.

„Kaum hat Kriminalkommissar Bauer einen Blick auf den geknackten Geldschrank der Eisenbahnverkehrskasse geworfen, ruft er aus: ‚Das war Pannewitz! Gollnik, die Fotos aus der Wrangelstraße‘... Die Köpfe der drei Westberliner Kriminalisten beugen sich über die Fotos und vergleichen sie. ‚Hab’ ich mir’s doch gedacht‘, sagt Bauer lakonisch. ‚Den Schrank hat niemand anders als Pannewitz geöffnet.‘ Und als ihn der Herr von der ostzonalen Kriminalpolizei verständnislos ansieht, erläutert er: ‚Genauso wie in der Wrangelstraße hat der Schränker in Ihrer Eisenbahnverkehrskasse geblakt. Pannewitz ist recht sparsam und gibt immer zuwenig Sauerstoff‘ “ (Wolfgang Heinrich).

Ein weiterer Beweis ergibt sich nun: Die bei Eddi Groß gefundene Zeichnung wird als Lageskizze des Tresorkellers identifiziert. „Alsdann, getrennt marschieren, vereint schlagen, hoffe ich“, gibt Bauer gutgelaunt dem Ostberliner Kollegen mit auf den Heimweg. Es bleibt eine Hoffnung.

Bis zu der anonymen Anzeige des angeblich Betrogenen vergehen kostbare Tage. Pannewitz und Geiß nutzen sie, um sich nach Westberlin in Sicherheit zu bringen. Doch nun schlägt die Dircksenstraße zu: Am 29. November 1951 werden Wilhelm Kremmin, Ehefrau Ernestine, der Schwiegersohn und der Schweißgeräteverleiher Piratzki verhaftet.

Kremmin ist nicht so hartgesotten wie Marggraf oder Geiß. Er legt ein umfassendes Geständnis ab und nennt auch die Namen der ihm bekannten Mittäter. Nun fliegen auch der Polier Engelter und das Ehepaar Mikulla auf. Doch die Ausbeute ist gering. Bei den dingfest Gemachten können nur 142 000 Ostmark und (einschließlich des Inhalts von Kremmins Grabbeigaben) 81 000 DM West sichergestellt werden. Alles übrige ist mit Pannewitz und Geiß in Westberlin verschwunden.

Am 5. Dezember 1951, fast einen Monat nach dem Millionen-Bruch, veröffentlichen die Ostberliner Zeitungen einen Fahndungsappell der Volkspolizei. Gesucht wird der Schneider Walter Pannewitz, geboren am 20.12.1901 in Danzig, zuletzt wohnhaft Schöneberg, Goltzstraße 21 beziehungsweise Mitte, Krausnickstraße 3a. Der Gesuchte wird als etwa 1,70 Meter groß und schwarzhaarig beschrieben. Zeitweise soll er einen kleinen Oberlippenbart tragen. Besondere Merkmale: „Kurze dicke Finger und große Füße." Gefahndet wird wegen „mehrerer schwerer Verbrechen". Ausgesetzt sind zehntausend Mark Belohnung.

Unter der Überschrift „Volkspolizei sucht Schwerverbrecher/Wo ist Pannewitz?" ist in allen Ostberliner Zeitungen der Fahndungsaufruf mit einer Erläuterung gekoppelt, die massive Vorwürfe gegen die Westberliner Ermittlungsbehörden enthält:

„Bereits seit Anfang November bemüht sich die Berliner Volkspolizei um eine Zusammenarbeit mit der Westpolizei zur Ergreifung des gefährlichen Verbrechers. Vertrauliche Mitteilungen, die der Westberliner Polizei von der Volkspolizei übermittelt wurden, wurden der Westpresse zugeleitet, um durch sensationelle Veröffentlichungen die Tätigkeit der Westberliner Polizei besonders hervorzuheben und von ihrer Degradierung zu einer Bürgerkriegstruppe abzulenken. Die Veröffentlichungen in der Westberliner Presse über Pannewitz führten dazu, den Täter sowie eventuelle Mittäter zu warnen und die polizeilichen Ermittlungen zu erschweren. Deshalb ruft die Volkspolizei nunmehr die Berliner Bevölkerung auf, die Fahndung nach Pannewitz zu unterstützen."

„Starker Tobak", knurrt Kommissar Bauer bei der Lektüre. „In ihrer Krausnickstraße haben sie ihn nicht erwischen können. Jetzt sind wir daran schuld." Über den Brillenrand blinzelt er seine beiden Assistenten an. „Also, Jungs, dann stellt mal die Ehre unseres Vereins wieder her."

Wandtke und Gollnik wechseln nur einen Blick. Tag und Nacht sind sie ja unterwegs, um Pannewitz und „Muhme" Geiß zu schnappen. Sie klappern teure Amüsierlokale, billige Tanzschuppen und Kaschemmen ab. Ohne Erfolg.

So geht das Wochen und Monate. Schon heißt es in den Boulevardblättern, die Schränker-Millionäre wären wohl längst über alle Berge - in Westdeutschland, vielleicht sogar nicht mehr in Europa.

„Paps" Bauer und seine Jungs sind anderer Meinung. Und ihre Beharrlichkeit zahlt sich schließlich aus.

In der Nacht zum 25. Juli 1952 observieren der Kommissar und Wandtke Lokalitäten in Schöneberg. Wieder scheint alle Mühe umsonst zu sein. Letzte Station ist die „Kleine Scala“ in der Martin-Luther-Straße.

Bauer will einen Blick in die Toilette werfen. Sein Assistent sieht sich die Gäste an. Dabei fallen ihm drei Männer auf, die hastig ihre Zeche bezahlt haben. Einen erkennt er gleich: den Geschäftsführer einer Tanzbar beim Bahnhof Zoo. Der zweite Mann ist ihm fremd. Aber der dritte ... randlose Brille auf der schmalen vorspringenden Nase?

Muhme Geiß, durchzuckt es den Kripomann. Da sind die drei schon am Ausgang. Sie steigen in einen dunklen VW. Wandtke springt hinzu. „Kripo! Sofort ‘rauskommen!“ Er langt zum Türgriff. Da ruckt der Wagen mit Vollgas an. Wandtke wird mit dem abgerissenen Griff in der Hand zur Seite geschleudert. Bauer hilft ihm auf.

„Nun wissen wir es ganz genau. Wo Geiß ist, kann auch Pannewitz nicht weit sein!“

Über sein Mißgeschick ergrimmt, nutzt Wandtke wieder einmal seine Unterwelt-Verbindungen. Geiß ist dort nicht sonderlich beliebt. Er gilt als großkotziger Abzocker, der den feinen Pinkel markiert. So erfährt Bauers Assistent: Der Gesuchte könnte bei einer Witwe in Mariendorf untergeschlüpft sein. Andere wollen ihn manchmal in einem Lokal in der Mariendorfer Friedenstraße gesehen haben. Wieder legen sich Bauer, Wandtke und Gollnick auf die Lauer. Vier Wochen nach dem Fehlgriff in der „Kleinen Scala“ ist es soweit.

Drei Uhr nachts in der observierten Mariendorfer Kneipe. Eine feuchtfröhliche Herrenrunde drischt immer noch Skat. Ein später Gast bestellt an der Theke ein Bier, trinkt es in einem Zuge aus und schlendert zu den Skatbrüdern. „Kiebitze möchten wir nicht", murrt einer. „N' Abend, Muhme", sagte Wandtke gelassen und legt dem Angesprochenen die Hand auf die Schulter. Der wirft die Karten auf den Tisch und blickt auf. In der Tür stehen Bauer und Gollnik. Da gibt er auf. „So'n Pech. Hatte gerade ein volles Blatt", seufzt Geiß und geht widerstandslos mit.

In dem möblierten Zimmer bei der Mariendorfer Witwe findet das Kripo-Team 4 800 Westmark, versteckt unter dem Teppich. „Hab' ich so peu á peu gewonnen", beteuert der Einbrecher treuherzig. „Meine Wirtin muß ja nicht alles wissen."

„So gewonnen", lacht ihm Bauer ins Gesicht. „Beim Skat? Ich wußte gar nicht, daß man neuerdings dabei einen Schneidbrenner benutzt."

Aber Geiß schwört Stein und Bein, er habe mit dem Bruch nichts zu tun. Wo Pannewitz steckt, weiß er natürlich auch nicht.

Der Bandenchef spielt den Zonenflüchtling

Einen Monat später, am 26. August 1952, endet vor der 2. Großen Strafkammer des Ostberliner Landgerichts ein Prozeß, über den die Presse unter der Schlagzeile „Gefährliche Einbrecher abgeurteilt" informiert. Zu erfahren ist, daß über den „Einbruch in die Eisenbahnverkehrskasse" vier Tage verhandelt worden ist.

Verurteilt wurden „der mehrfach vorbestrafte 54 Jahre alte Wilhelm Kremmin wegen Wirtschaftsverbrechen zu 11 Jahren Zuchthaus und seine 56jährige Ehefrau Ernestine zu 7 Jahren Zuchthaus. Der 22mal vorbestrafte 71jährige Max Mikulla erhielt 6 Jahre, der 42jährige Karl Engelter 5 Jahre Zuchthaus. Fünf weitere Angeklagte, darunter zwei Frauen, wurden wegen Beihilfe beziehungsweise Hehlerei zu Zuchthaus- und Gefängnisstrafen zwischen 1 und 3 Jahren verurteilt ...

Gegenstand des Prozesses bildete ein Einbruch in die Eisenbahnverkehrskasse der Deutschen Reichsbahn in der Nacht zum 7. November vergangenen Jahres, den der Angeklagte Kremmin zusammen mit dem 50jährigen Walter Pannewitz und dem 45jährigen Walter Geiß ausgeführt hatte ...

Die mitangeklagten Ehefrauen wie zum Beispiel Ernestine Kremmin hatten einen Teil der erbeuteten Geldsumme nach Westberlin gebracht und alles getan, um die Verbrecher zu begünstigen ...

In der Urteilsbegründung wurde darauf hingewiesen, daß der Einbruch in die Eisenbahnverkehrskasse der Deutschen Reichsbahn, die den gesamten Zahlungsverkehr der Reichsbahn abwickelt, ein schweres Wirtschaftsverbrechen darstellt. Dadurch wurden dem Volksvermögen erhebliche Summen entzogen und wurde die Wirtschaftsplanung beeinträchtigt."

Nach der sachlichen Mitteilung kommt die Propaganda zum Zuge: „Kurze Zeit nach der Tat konnte die Volkspolizei die Angeklagten festnehmen. Die sofort von der Volkspolizei eingeleitete Großfahndung wurde von der Westpolizei, die keinen Willen zur Zusammenarbeit zeigte, ungenügend unterstützt. Sie hatte sogar die ihr von der Volkspolizei für die Fahndung nach Pannewitz und Geiß überlassenen Aktenauszüge aus diesem Strafverfahren ‚abhanden‘ kommen lassen und es durch die langsame und oberflächliche Arbeit ermöglicht, daß der Hauptverbrecher Pannewitz entkommen konnte. Walter Geiß konnte sich durch das Verhalten der Westpolizei monatelang unerkannt in den Westsektoren aufhalten und wurde erst in der Nacht zu Montag in Mariendorf festgenommen, als ihn Westberliner Kriminalbeamte zufällig erkannten. Außerdem weigerte sich die Westpolizei, den in Westberlin beschlagnahmten Betrag von 67 000 Westmark, der aus diesem Einbruch stammt, zurückzugeben."

Der Hauptverbrecher aber erfreut sich weiter seiner Freiheit. Pannewitz nennt sich jetzt Walter Müller. Er fährt, einen entsprechenden Personalausweis in der Tasche, gelegentlich mit der S- oder U-Bahn nach Ostberlin. Der sehr allgemein gehaltene Steckbrief der Volkspolizei schreckt ihn nicht. Kurze dicke Finger und große Füße haben viele. Doch um das Haus Unter den Linden Nr. 10 macht er vorsichtshalber einen großen Bogen.

Im Frühjahr 1952 hat er in der Steglitzer Schloßstraße nähere Bekanntschaft mit einer attraktiven Blondine mittleren Alters gemacht. Vor ihr markiert er den Arbeitslosen, der öfter in Geldnöten ist. Als immer drängender von einer legalen Bindung die Rede ist, sucht er im Oktober das Weite. Bigamie, das wäre das letzte, was ihm passieren könnte. Sein Lieschen in der Goltzstraße Nr. 21 ist ihm genug als Ehefrau. Eine so pflegeleichte bekommt er nicht wieder. Er kann kommen und gehen, wann und wie er will. Seine Berufsgeheimnisse kennt sie nicht, und schon lange vor dem Millionen-Ding ist er aus der Goltzstraße ausgezogen, ohne eine Adresse zu hinterlassen. Lieschen wird ihm trotzdem treu bleiben.

Also auf ein Neues, beschließt Walter Pannewitz und sucht sich am Stadtrand eine Bleibe. Dem Wirt einer kleinen Pension in Gatow bei Spandau stellt er sich als Heinz Weißer vor. „Ich bin Zonenflüchtling, warte auf meine Papiere, damit ich nach dem Westen ausgeflogen werden kann. Bis dahin würde ich gerne ein Zimmer mieten."

Er bleibt drei Wochen. Der Pensionsinhaber ist hocherfreut über den Gast, den es zu so unwirtlicher Jahreszeit an die Havel zieht. Ein pünktlicher Zahler, dazu seriös, hat er doch der Wirtin mehrere tausend Mark zur Aufbewahrung anvertraut. „Mit solchen Tricks entgeht er, der Vorsichtigste von allen, immer wieder den Beamten von EI/2, die wie der Teufel hinter ihm her sind", schreibt Wolfgang Heinrich. Walter Pannewitz wiegt sich immer mehr in der Annahme, die Bullen hätten aufgegeben, nachdem die Kumpels drüben verknackt worden sind. Betroffen gemacht hat ihn allerdings die Nachricht, daß Max Mikulla bald nach dem Strafantritt im Zuchthaus gestorben ist. Die anderen Kremmin, Engelter, die kleinen Mitschuldigen, kommen ihm nicht in den Sinn. Kremmin hat sie doch 'reingeritten. Hat das Schweigegeld für den Steinbohrerfritzen verpennt und sich nachher von der Vopo weichwalken lassen. Pannewitz kommt nicht eine Sekunde auf den Gedanken, daß er selber die verräterische Spur gelegt haben könnte. Mit dem blakenden Schneidbrenner.

Jagd mit 80 Funkwagen

Nach der Verhaftung von Geiß ist die Kripo dazu übergegangen, illegales Wohnen und häufigen Wohnungswechsel schärfer unter die Lupe zu nehmen. Eine Methode, die nach Monaten endlich Früchte trägt: Pannewitz, lautet ein Tip aus der Szene, soll sich unter falschem Namen und unangemeldet bei einem Schrotthändler in Schöneberg, Berchtesgadener Straße Nr. 34, aufhalten. Er gibt sich jetzt als Textilkaufmann aus.

Der letzte Akt der Jagd auf den Drahtzieher des Millionen-Bruchs kann beginnen. Am 7. Januar 1953 klingelt Kommissar Bauer in der vierten Etage des Wohnhauses in der Berchtesgadener Straße. „Kriminalpolizei", sagt er kurzangebunden, als die Wohnungsinhaberin nach kurzem Blick auf die ihr unbekannten Männer die Tür schnell wieder schließen will. „Mein Mann ist nicht hier", sagt die Frau erschrocken. „Er ist mit dem Untermieter weg." Und, nach dessen Namen gefragt: „Walter Müller, ein sehr netter Herr." Der wolle mit ihrem Mann eine Lumpen-Verwertungsanstalt eröffnen. Eine Lumpenreißmaschine habe er schon gekauft und bar bezahlt, mit viertausend Mark.

Pannewitz und Lumpen! Paßt gut zusammen, denkt Bauer und fragt weiter: „Wohin sind denn die beiden Herren gegangen?"

„Gefahren sind sie. Mit unserem Auto. Wohin, weiß ich nicht. Sie wollten etwas abholen."

„Das Kennzeichen Ihres Wagens, bitte", drängt der Kommissar. „Es ist sehr wichtig."

Die Frau des Schrotthändlers nennt die Zahlen und bricht in Tränen aus. „Was ist denn mit meinem

Mann?" - „Nichts", beruhigt Bauer die Verstörte. Dann zu Wandtke und Gollnik: „Ihr bleibt in der Wohnung. Den Rest erledige ich allein." Von dem wartenden Einsatzfahrzeug aus gibt Bauer über die Funkzentrale an alle Streifenwagen das Kennzeichen des gesuchten Pkw durch: „Sofort stellen. Insassen festnehmen wegen schweren Diebstahls. Schußwaffengebrauch zulässig."

Achtzig Funkwagen, die in den Westsektoren patrouillieren, nehmen die Order auf. Das Verfolgernetz zieht sich zusammen. Keine halbe Stunde nach dem Alarm meldet „Anna 24" über Funk: „Gesuchter Wagen in der Lutherstraße gesichtet. Verfolgen ihn Richtung Keithstraße." - „Vorwärts, zur Keithstraße", weist der Kommissar seinen Fahrer an. Er dirigiert, während sie mit Blaulicht und Sirene durch Schöneberg jagen, zwei in der Nähe kreuzende Funkwagen gleichfalls dorthin. Vor dem Haus Keithstraße Nr. 10 wird der verfolgte Pkw gestellt. Als Bauer aus dem Wagen springt, sieht er, wie die Schutzpolizisten mit gezogenen Pistolen drei Männer aus dem Adler-Triumph-Junior bugsieren.

„Das war's wohl, Herr Müller - oder richtiger, Herr Pannewitz", sagt Kommissar Bauer, als die Handschellen zuschnappen. Der Schränker, schneeweiß im Gesicht, schweigt. Es will ihm nicht in den Kopf, daß das Spiel aus sein soll. Auf dem Weg in die Friesenstraße hat er sich schnell wieder in der Gewalt. Das Ding sollen sie ihm erst mal nachweisen. Als ihm die Aussagen der in Ostberlin Verurteilten vorgehalten werden, gibt er nur zu, ein paar davon zu kennen.

Dabei bleibt es auch, als Wandtke und Gollnik in seinem Quartier sechstausend Westmark in einem

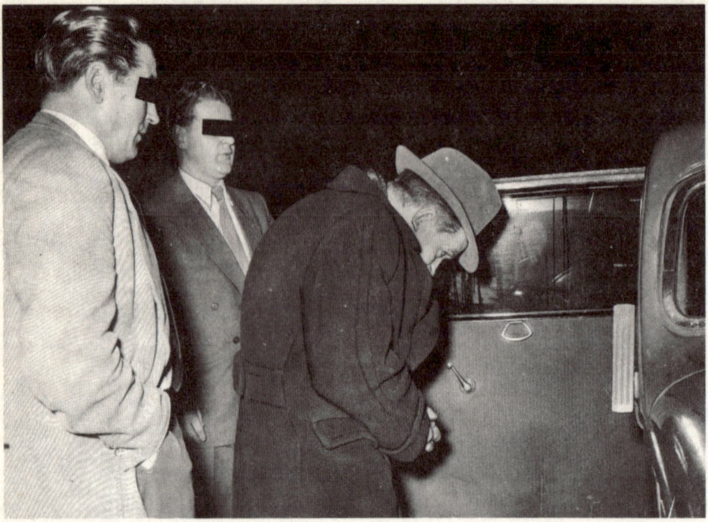

Pannewitz nach der Verhaftung

Versteck finden. „Erspartes Betriebskapital“, behauptet Pannewitz. „Soviel Bargeld läßt man in diesen Zeiten doch nicht einfach im Zimmer herumliegen. Wo es doch jetzt so viele schlechte Menschen gibt.“ „Verstehe, da habt ihr wohl die Millionen aus der Reichsbahnkasse noch sicherer aufgehoben“, hakt Bauer nach.

Pannewitz schüttelt den Kopf. „Sie wollen mir nicht glauben, Herr Kommissar. Ich weiß von keinen Millionen, die Sie mir da anhängen.“

Mehr ist aus ihm nicht herauszubringen. Auch Geiß, Groß und Marggraf weisen in den Verhören und Ermittlungen, die länger als ein Jahr in Anspruch nehmen, jede Schuld von sich. Eine Viererbande, die wie Pech und Schwefel zusammenhält.

Der Autor Wolfgang Heinrich ordnet diese „Vier Großen“ der Intelligenz der Unterwelt zu: „Dementsprechend treten sie auch auf. Sie sprechen ein gutes Deutsch, und ebensogut ist auch ihre Dialektik. Nur in der Erregung fallen sie hin und wieder in den Verbrecherjargon, verbessern sich aber sofort wieder. In ihren eleganten Maßanzügen wirken sie nicht wie Berufsverbrecher. Alle sind sie um die Jahrhundertwende geboren und Berufsverbrecher. Alle sind sie insgesamt 45 mal vorbestraft. Kein Wunder, daß sie erhebliche gerichtliche Erfahrungen besitzen und es verstehen, sich geschickt zu verteidigen.“

Das müssen auch die Richter der 10. Großen Strafkammer in Moabit feststellen, als am 9. März 1954 der zweite Prozeß beginnt. Die vier Hauptangeklagten nutzen das eisige Ost-West-Verhältnis auf ihre Weise: „Die Schuldgeständnisse in Ostberlin sind falsch und von der Vopo durch Mißhandlungen erpreßt worden.“

Pannewitz will den Plan zum großen Bruch bereits 1949 als „zu phantastisch“ abgelehnt haben. Er habe sich später bereden lassen: „Erst bei dem zweiten Versuch, den Mikulla geleitet hat, habe ich mitgewirkt. Dann hat es Krach gegeben, und ich bin aus dem Geschäft ausgestiegen.“ Danach habe man ihm 28 000 DM Schweigegeld zugesteckt.

„Muhme“ Geiß legt noch einen Zahn zu. Er habe den Tatort nie betreten: „Der Streit zwischen Mikulla und Pannewitz ist mir so auf die Nerven gegangen, daß ich ausgestiegen bin.“

Eddi Groß räumt nur ein, die „Typen zu kennen, die das Ding bewichst“ haben, ansonsten: „Ich war nicht einmal an den Vorbereitungen beteiligt.“

Erich Marggraf, der früh gestrauchelte Sohn aus gutem Hause, setzt allen Unschuldstiraden die Krone auf: „Ich bin Großkaufmann und habe mit der ganzen Sache nichts zu tun. Wenn man meinen Wagen oft am Tatort gesehen haben will, so kann ich nur sagen, mein Mercedes 170 V stand jahrelang in der Nähe der Eisenbahnverkehrskasse vor meinem Büro."

Am 13. März werden die im Osten inhaftierten Pannewitz-Banditen und Mikullas Witwe in den Räumen des Präsidiums der Berliner Volkspolizei der Presse vorgeführt. Der Autor dieses Buches - damals für die Zeitung BZ am Abend tätig - war Augenzeuge dieser Inszenierung: Mit Armesündermienen hockten sie auf ihren Stühlen: Gertrud Mikulla, ein verschüchterter Muttchentyp, daneben, mit bedrückten, vom Zuchthausmief gezeichneten Gesichtern, Wilhelm Kremmin und Karl Engelter. Sie würden jetzt die im Moabiter Prozeß aufgetischten Lügen widerlegen und dabei auch die infamen Methoden des Klassenfeinds entlarven, leitete ein schneidiger Zivilist die Vorstellung ein.

Als erste wird die Witwe des „Altmeisters" ans Mikrofon gerufen. Mit stockender Stimme, aus gequältem Hochdeutsch immer wieder in Dialekt fallend, schildert Gertrud Mikulla, wie sie gewaltsam daran gehindert werden sollte, über Pannewitz auszusagen: „Das war wohl am fünften Februar. Ich kam vom Einholen zurück nach meine Wohnung, Isländische Straße. Da hat mir im Hausflur 'n Kerl jepackt und den Mund zujehalten. ‚Halt bloß die Schnauze über Walter', sacht er. ‚Weeßt schon, wen ick meene. Sonst wirste allejemacht!' Ick konnt' mir losreißen und hab' jeschrien. Die Nachbarn kamen jleich 'raus. Da hat er mir noch'n Schubs jejeben und is wegjerannt. Der Nachbar meente, det war bestimmt eener von Pannewitzens früheren Ringvaein ...'

‚Und die Sache in Moabit, Frau Mikulla', hilft ihr der Schneidige weiter. ‚Was ist da passiert?'

„Ja, die Anwälte, eener hieß wohl Ronge, haben mir beredet, ick soll die Aussage lieberst vaweijern. Könnt' sonst im Osten Ärjer kriejen, falls ick mir verplapper'. Na ja, und der Richter hat wohl auch sowat jedacht."

Wilhelm Kremmin, weniger befangen, rasselt sein Sprüchlein herunter wie eingelernt. Und das ist es wohl auch. Er bestätigt, woran ohnehin nicht zu zweifeln ist: Pannewitz war der Matador beim Millionen-Ding. Dessen Behauptung in Moabit, von Kremmin Geld empfangen zu haben, sei gelogen: „Ich hab' ja selbst 25 000 Mark von Pannewitz bekommen. Ich habe im Auftrag von Pannewitz das Schweißgerät zur Charlottenstraße gebracht. Die Tat wurde von Pannewitz ausgeführt, außer mir waren noch zwei Mann dabei. Das Geld wurde in einem Keller in der Klosterstraße geteilt. Etwa 100 000 Mark habe ich in der Sport-Clause am Hackeschen Markt an Engelter übergeben."

Engelters Auftritt wird zum Rührstück. Seine Stimme zittert, als er „infame Behauptungen der Westjustiz" zurückweist: „Alles erfunden! Keener hat mir hier jeschlagen. Im Jejenteil, man hat mir bei de Verhöre sehr anständich und freundlich behandelt." Dann packt ihn das heulende Elend. „Ick wollt' ja jarnich mitmachen, aber Pannewitz und Mikulla ha' ma jedroht und jehauen". Er endet mit tränenerstickter Stimme. Danach die üblichen - vorzensierten - Fragen. Wie ist die Behandlung im Zuchthaus? Ist das

Essen einigermaßen? Gibt es eine Resozialisierungs-Therapie? Noch ein Blitzlichtgewitter der Fotografen. Und Ende der Vorstellung. Zum Beifall war kein Anlaß.

„Verbrechen lohnt sich nicht"

In Moabit geht inzwischen der Prozeß weiter. Ohne neue Erkenntnisse, ohne Geständnisse. Doch die Indizien sind hieb- und stichfest: Der über Jahre geplante und vorbereitete, beispiellose dreiste Millionenraub aus der Reichsbahnkasse war das Werk der von Walter Pannewitz geführten Bande.

Wie in den Prozessen gegen die Gladow-Bande und die Raubmörderin Kusian wird auch in diesem Verfahren deutlich, daß die Spaltung der Polizei- und Justizorgane, gekennzeichnet durch Intrigen und Querelen, eine konzentrierte und rasche Aufklärung des größten Bankeinbruchs der Berliner Nachkriegszeit verhinderte, daß sich die Täter über die Sektorengrenze wie Springer im Schachspiel lange Zeit in Sicherheit bringen konnten.

Am 27. März 1954 ereilt die „Vier Großen" die gerechte Strafe. Walter Pannewitz, inzwischen 53 Jahre alt, wird zu neun Jahren Zuchthaus verurteilt. Je sieben Jahre Zuchthaus werden über den siebenundfünfzigjährigen Erich Marggraf und den dreiundfünfzigjährigen Eduard Groß verhängt. Der zweiundfünfzigjährige Walter Geiß kommt für sechs Jahre hinter Zuchthausmauern. Ein paar unbedeutende Randfiguren haben Gefängnis zwischen einem und dreieinhalb Jahren zu erwarten.

Das Gericht, so wird in der Urteilsbegründung betont, sieht „die Angeklagten, die bis zum letzten Augenblick die ihnen zur Last gelegten Straftaten bestritten, auf Grund der Beweisaufnahme als überführt an".

Pannewitz, Marggraf, Groß und Geiß nehmen den Schuldspruch mit völlig unbewegten Mienen entgegen. Wolfgang Heinrich glaubt zu wissen, warum: „Wo die zwei Millionen geblieben sind, von denen ja nur ein kleiner Teil (insgesamt etwa 286 000 Ost- und Westmark, d. A.) sichergestellt werden konnte, vermag das Gericht nicht zu klären. Blieb das Geld in Deutschland, schlummert es in einer Bank in der Schweiz oder in Amerika, oder sind damit vielleicht andere Unternehmungen finanziert worden? Das wissen allein die ‚Großen Vier', und die werden es schwerlich verraten."

1989, vierzig Jahre nach den Anfängen der Pannewitz-Bande, brachte die Babelsberger DEFA mit der Gaunerkomödie „Der Bruch" (Regie: Frank Beyer, Drehbuch: Wolfgang Kohlhaase, Hauptdarsteller: Götz George, Rolf Hoppe, Otto Sander) das Millionen-Ding wieder in Erinnerung. Walter Pannewitz konnte 1962 das Zuchthaus verlassen. Laut Gerichtsurteil unter Polizeiaufsicht gestellt, führte er in Westberlin ein zurückgezogenes Leben. Nur einmal noch ging sein Name durch die Presse, berichtete der Journalist Holger Lippke in der Berliner Morgenpost vom 12. Februar 1989:

„Am 27. Mai 1965 wurde der Tresor des Hertie-Kaufhauses an der Wilmersdorfer Straße in Charlottenburg um rund 470 000 Mark erleichtert. Während die Berliner anläßlich des Besuchs von Königin

Berlin, Friedrichstraße/Ecke Zimmerstraße im Jahr 1956. Wo später die Mauer gebaut wurde, standen Schilder, die auf die Sektorengrenze hinwiesen

Elizabeth II. begeistert die Straßen säumten, knackten zwei Männer in aller Ruhe den Geldschrank, kochten sich zwischendurch mit einer aus der Elektroabteilung ergatterten Kaffeemaschine einen belebenden Mokka. Walter Pannewitz ... sagte damals zu einem Reporter: ‚Die Jungs sind sicher Fachleute, aber der Kripo sind sie auf keinen Fall gewachsen. Ich gebe ihnen höchstens ein paar Monate, dann sind sie geplatzt.‘ Der Ex-Schränker behielt recht. Wenig später gingen die Täter der Polizei ins Netz.

‚Verbrechen lohnt sich nicht‘ lauteten die letzten Worte, die von Pannewitz überliefert sind. Danach verliert sich seine Spur ...“

Den Tatort Sektorengrenze hat die Geschichte ausgelöscht. Es gibt wieder eine zentral geleitete, aktionsstarke Polizei. Der einst vorsätzlich propagierte Ruf eines „Dorado für die Unterwelt“ ist nicht getilgt. Berlin trägt gar - wie die Illustrierte „Stern“ glaubt - das Stigma einer „Hauptstadt des Verbrechens“, und ist - so die Berliner Zeitung - ein „Magnet für Verbrecher“.

Maßgebend mag dafür das Einsickern internationaler Gangster-Clans sein. Bestimmend sind aber auch gesellschaftliche Anstöße: „Zukunftsangst, vorgelebte Gewalt in den Medien, Arbeitslosigkeit und Frust schlagen schnell in Aggression um - und die steigt in Berlin extrem und kann von der Polizei nur bedingt eingedämmt werden“ (Burghard von Walsleben, Gewerkschaft der Polizei - GdP).

Die schwere Aufgabe, die im Mai 1945 den ersten „Jrünen“ gestellt wurde, „Sicherheit und Ordnung“ zu schaffen, und zu erhalten, harrt nach wie vor ihrer Lösung. Die Zeiten haben sich wohl zum Besseren gewendet. Das Verbrechen nicht.

Anhang

Inanspruchnahme der Berliner Kriminalpolizei im Jahr 1948 (West und Ost)

Art der bearbeiteten Fälle	West-sektoren Jan. -Dez.	Sowjetischer Sektor Jan.-Okt.	Groß-Berlin*
Mord	42	36	78
Mordversuch	11	7	18
Totschlag	5	3	8
Körperverletzung mit tödlichem Ausgang	3	2	5
Gefährliche Körperverletzung	153	94	247
Sonstige Körperverletzung	853	338	1 191
Menschenraub**	7	-	7
Schwerer Diebstahl	23 654	10 345	33 999
Diebstahl	49 209	19 451	68 660
Bandendiebstahl	4	11	15
Raub	425	216	641
Erpressung	62	26	88
Betrug	5 124	2 706	7 830
Unterschlagung	6 024	2 478	8 502
Hehlerei	124	53	177

Glücksspiel	120	74	194
Rauschgiftvergehen	264	127	391
Schwarzhandel	13 894	9 119	23 013
Brandstiftung	364	57	421
Sonstige Vergehen	6 367	2 643	9010
Sonstige Verbrechen	221	113	334
Vermißte Personen***	2 333	1 304	3 637
Prostitution	1 325	1 641	2 966

Der Wert des im Jahre 1948 gestohlenen Gutes belief sich insgesamt auf 37,6 Millionen RM/DM, davon konnte bis Ende des Jahres Gut im Wert von 14,3 Millionen RM/DM wieder herbeigeschafft werden.

* Ohne Sowjetischen Sektor in den Monaten November und Dezember 1948.

** Menschenraub wird für die Westsektoren seit November 1948 gemeldet.

*** Für Juli konnten - wegen der Verlegung des Polizeipräsidiums - von den zentralen Inspektionen keine statistischen Meldungen gegeben werden, dies wirkt sich besonders bei den Angaben über vermißte Personen aus. (Aus: Jahresbericht des Magistrats von Berlin 1948)

Polizeipräsidenten in Berlin nach 1945, bzw. seit 1949 für Westberlin

1945 - 1948	Oberst Paul Markgraf
1948 - 1962	Dr. Johannes Stumm
1962 - 1967	Erich Duensing
1968 - 1968	Georg Moch
1969 - 1987	Klaus Hübner
1987 - 1992	Georg Schertz
Seit 1992	Hagen Saberschinsky

Präsidenten der Volkspolizei Berlin (Ost)

25.05.1945 - 31.01.1950	Oberst Paul Markgraf
01.01.1950 - 08.09.1953	Chefinspekteur Waldemar Schmidt
09.09.1953 - 19.11.1964	Generalmajor Fritz Eikemeier
20.11.1964 - 22.05.1975	Generalleutnant Horst Ende
23.05.1975 - 31.12.1985	Generalleutnant Werner Gröning
01.01.1986 - 07.01.1990	Generalleutnant Friedhelm Rausch
08.01.1990 - 01.10.1990 (ab 01.05.1990)	Generalmajor/ Chefinspekteur Dirk Bachmann

Zitierte und weiterführende Literatur

Conradt, Sylvia und Heckmann-Janz, Kirsten: Berlin halb und halb, Frankfurt am Main 1990
Engelmann, Bernt: Eine Stadt wie keine andere, München 1986
Friedensburg, Ferdinand: Berlin - Schicksal und Aufgabe, Berlin 1953
Geschichte der Deutschen Volkspolizei 1945-1961, Berlin 1987
Gronefeld, Gerhard: Kinder nach dem Krieg, Berlin 1985
Grube, Frank und Richter, Gerhard: Die Schwarzmarktzeit, Hamburg 1979
Heinrich, Wolfgang: Meister der Kriminalistik, Berlin 1962
Höcker, Karla: Beschreibung eines Jahres, Berlin 1984
Le Tissier, Tony: Kampf um Berlin, Frankfurt am Main/Berlin 1991
Ludwig, Thomas: Geschichte einer Metropole, Gütersloh 1986
Paul, W.: Kampf um Berlin, München 1984
Prell, Uwe und Wilker, Lothar: Berlin-Blockade und Luftbrücke 1948/49, Berlin 1987
Prodöhl, Günter: Die im Dunkeln, Berlin 1957
Ranke, Winfried. Jülling, Carola. Reiche, Jürgen.

Vorsteher, Dieter: Kultur, Pajoks und Care-Pakete, Berlin 1990
Scholz, Arno: Berlin im Würgegriff, Berlin 1950
Scholz, Arno: Insel Berlin, Berlin 1959
Simmons, Michael: Deutschland und Berlin 1871-1990, Berlin 1990
Sinn, Dieter: Das Große Verbrecher-Lexikon, Wien 1962
Steinborn, Norbert und Krüger, Hilmar: Die Berliner Polizei 1945-1992, Berlin 1993
Thorwald, Jürgen: Das Ende an der Elbe, Stuttgart 1950
Verfasser unbekannt: Die Westberliner Polizei von der Elsässer- zur Friesenstraße und zum Tempelhofer Damm, Landesarchiv Berlin

Das vorliegende Buch basiert weitgehend auf zeitgenössischen Aufzeichnungen, Erinnerungen, Zeugnissen und Presseberichten. Der besondere Dank des Autors gilt Frau Dr. Bärbel Schönefeld für die Auswertung und Bereitstellung von Materialien der Polizeihistorischen Sammlung Berlin sowie den Mitarbeitern des Landesarchivs Berlin für die Unterstützung seiner Arbeit.

Inhalt

EDITION SCHEUNENVIERTEL

Die Reihe mit dem Großstadt-Flair

Treffpunkt Scheunenviertel

Leben im Schtetl
Herausgegeben von Ingrid Kirschey-Feix

In vielfältiger Weise ein Stück Erinnerung an eine versunkene Kultur, die zu betreten und kennenzulernen sich auf alle Fälle lohnt.

Jugendschriften-Ausschuß, Mittelfranken

...eine literarische und dokumentarische Chronik. Es setzt in der vom Verlag Neues Leben initiierten Reihe „Edition Scheunenviertel" einen gewichtigen Akzent ... ist mehr als ein Erinnerungsbuch, denn es gemahnt an eine Gemeinschaft, in der das Wort Toleranz noch etwas galt und Hoffnung den Lebenswillen stärkte.

Ostthüringer Zeitung, Gera

Französischer Sektor
Reinickendorf
Wedding
Spandau
Britischer Sektor
Tiergarten
Mitte
Charlottenburg
Kreuzberg
Wilmersdorf
Schöneberg
Tempelhof
Amerikanischer Sektor
Steglitz
Zehlendorf